汇聚儿童文学精华　品读名作独特魅力

超级图书馆
Super Library

伯乐相马

成语故事

曾智惠 改编

上海科学普及出版社

图书在版编目（CIP）数据

伯乐相马. 成语故事 / 曾智惠改编. ——上海：上海科学普及出版社，2017
（超级图书馆）
ISBN 978-7-5427-6931-2

Ⅰ. ①伯… Ⅱ. ①曾… Ⅲ. ①汉语－成语－故事－少儿读物 Ⅳ. ① H136.3-49

中国版本图书馆CIP数据核字（2017）第183962号

责任编辑 吴隆庆

伯乐相马

成语故事

曾智惠 改编

上海科学普及出版社出版发行

（上海中山北路832号　邮政编码200070）

http://www.pspsh.com

各地新华书店经销　三河市人民印务有限公司印刷
开本 787mm×1092mm　1/16　印张 8　字数 70 千字
2017 年 12 月第 1 版　2018 年 2 月第 1 次印刷

ISBN 978-7-5427-6931-2　　定价 28.00 元
本书如有缺页、错装或坏损等严重质量问题
请向出版社联系调换

目录

伯乐相马……………………………1

专心致志……………………………3

南橘北枳……………………………4

余音绕梁……………………………6

百步穿杨……………………………9

百闻不如一见………………………10

背水一战……………………………12

兵不厌诈…………………………… 14

兵贵神速……………………………16

不耻下问……………………………18

不合时宜..................20

不拘小节..................22

不识庐山真面目..........23

不知所云..................24

车水马龙..................26

成也萧何，败也萧何......28

赤膊上阵..................30

摧枯拉朽..................32

党同伐异..................34

蜚短流长..................36

病入膏肓..................38

风声鹤唳..................40

高屋建瓴..................42

多多益善……………………44

和璧隋珠……………………46

疾风知劲草…………………48

纵虎归山……………………50

交头接耳……………………52

有备无患……………………54

锦囊妙计……………………56

九牛一毛……………………58

举足轻重……………………63

后来居上……………………64

竭泽而渔……………………66

金玉其外，败絮其中…………68

克己奉公……………………70

乐不思蜀……………………72

励精图治……………………74

门庭若市……………………76

明珠暗投……………………78

目不识丁……………………80

弄巧成拙……………………82

扑朔迷离……………………84

千钧一发......................................85
曲突徙薪......................................86
忍辱负重......................................88
神机妙算......................................90
望洋兴叹......................................92
贪得无厌......................................94
投笔从戎......................................96
徒有虚名......................................98
推心置腹......................................100
为虎作伥......................................102
望梅止渴......................................104
望尘莫及......................................106
万事俱备,只欠东风......................108
名落孙山......................................112
人非圣贤,孰能无过......................114
不入虎穴,焉得虎子......................116
桃李不言,下自成蹊......................118
邯郸学步......................................120
守株待兔......................................122

伯乐相马

古时候，人们习惯把精通鉴别马匹优劣的人称为伯乐，以表示对他们的尊重。春秋时的孙阳就是第一个被称为伯乐的人。传说孙阳对马的研究简直达到了出神入化的地步，他只需听听马的叫声就可以知晓马的优劣。

一次，孙阳受楚王的委托，四处寻找能日行千里的好马。孙阳去了好多地方，都没有找到令他满意的良马。

正当孙阳一无所获时，他在路上看到一匹马拉着一辆盐车，

谁知马见孙阳走近，突然昂起头，大声嘶叫起来，孙阳立即从叫声中判断出这是一匹难得的好马。

经过和马主人的一番讨价还价，孙阳终于得到了这匹在马主人看来不中用的"劣马"。回到楚国，楚王一看这马瘦得皮包骨头，很失望，以为孙阳看走了眼。孙阳却说这匹马只需调养一段时间，就可日行千里。

果然，不出半个月，这匹马就变得精壮起来。楚王骑上它，策马扬鞭，只觉耳旁生风。转瞬间，它已跑出去百十里。

后来，楚王靠这匹马打了许多胜仗。孙阳的伯乐之名也越传越远。

专心致志

　　弈秋是古代有名的棋手,有两个人慕名而来,同时拜他为师。上课时,一个学生专心致志地听他讲课,另一个学生注意力却很不集中。看到大雁从窗外飞过,他便不由自主地想到用箭射下大雁……

　　上完课后,弈秋就让两人对弈。于是,两个学生就根据老师的要求对起战来。开局不久,两人棋艺的优劣就见了分晓:一个从容不迫、能攻能守,一个手忙脚乱、疲于应付。弈秋一看,就摇摇头对棋艺差的学生说:"你们两个人一起听我讲课,他能专心致志,而你呢,心不在焉。所以,你们的收获才会截然不同啊!"

南橘北枳

春秋时代,齐国有一个叫晏婴的人,身材矮小,却很有才能。

一次,齐王派晏婴出使楚国,楚王和官员们商量,想借这次机会羞辱齐国。不久,晏婴来到了楚国。楚王摆出酒席招待他。突然,有两个士兵押着一个犯人来了。

楚王问:"这个人是谁?"士兵说:"他是从齐国来的小偷。"楚王惊呼道:"哎呀,原来你们齐国人是小偷呀?"

聪明的晏婴说:"陛下,听说生长在淮南的橘树,只要种到淮北去,果实就会变得又酸又苦,和枳的味道一样,这是为什么呢?"

楚王很难堪。晏婴笑着说:"这是因为水土不同。这个人在齐国的时候,从来不偷东西,可到你们楚国就变成了窃贼。这和橘树又有什么两样呢?"

不久，晏婴又一次出使楚国。楚王又想羞辱他，他知道晏婴身材矮小，便吩咐士兵关紧城门，在旁边挖一个小洞，让晏婴钻。

晏婴看了，笑道："难道楚国人都从这狗洞进出吗？可惜我是人，不会钻。"楚王听了，觉得心里不是滋味，只好乖乖地打开城门，让晏婴进城。

楚王见到晏婴，就嘲笑着说："你们齐国估计没什么人了吧？"

晏婴听了，摆摆手说："我们齐国的人多着呢。如果一起挥一挥袖子就可以遮住太阳，一起洒一洒汗水就和下雨一样。您怎么能说齐国没人呢？"

楚王又追问："那为什么又派你这样既矮又丑的人作为使臣呢？"

晏婴说："我们齐国有个规矩：对友好的国家，我们派出俊秀的人；对粗俗无礼的国家，我们就派丑陋的人。而我正好是齐国最丑最笨的人。"

从此，楚王再也不敢小看晏婴和齐国了。

余音绕梁

古时候,有一个姑娘,不但人长得漂亮,而且歌也唱得非常好。因为她出生在韩国,所以人们都叫她韩娥。

韩娥的父亲多年前去了齐国,后来没了音讯。当与韩娥相依为命的母亲因病去世后,韩娥决定到齐国寻找父亲。于是,她决定一边卖唱,一边走到齐国去。

经历了千难万险,韩娥终于来到了齐国都城临淄。当衣衫褴褛的她走在街上时,人们都向她投去异样的目光。

这时,韩娥钱粮都没有了。为了讨口吃的,她坐在城墙的一角轻轻地唱起了歌。

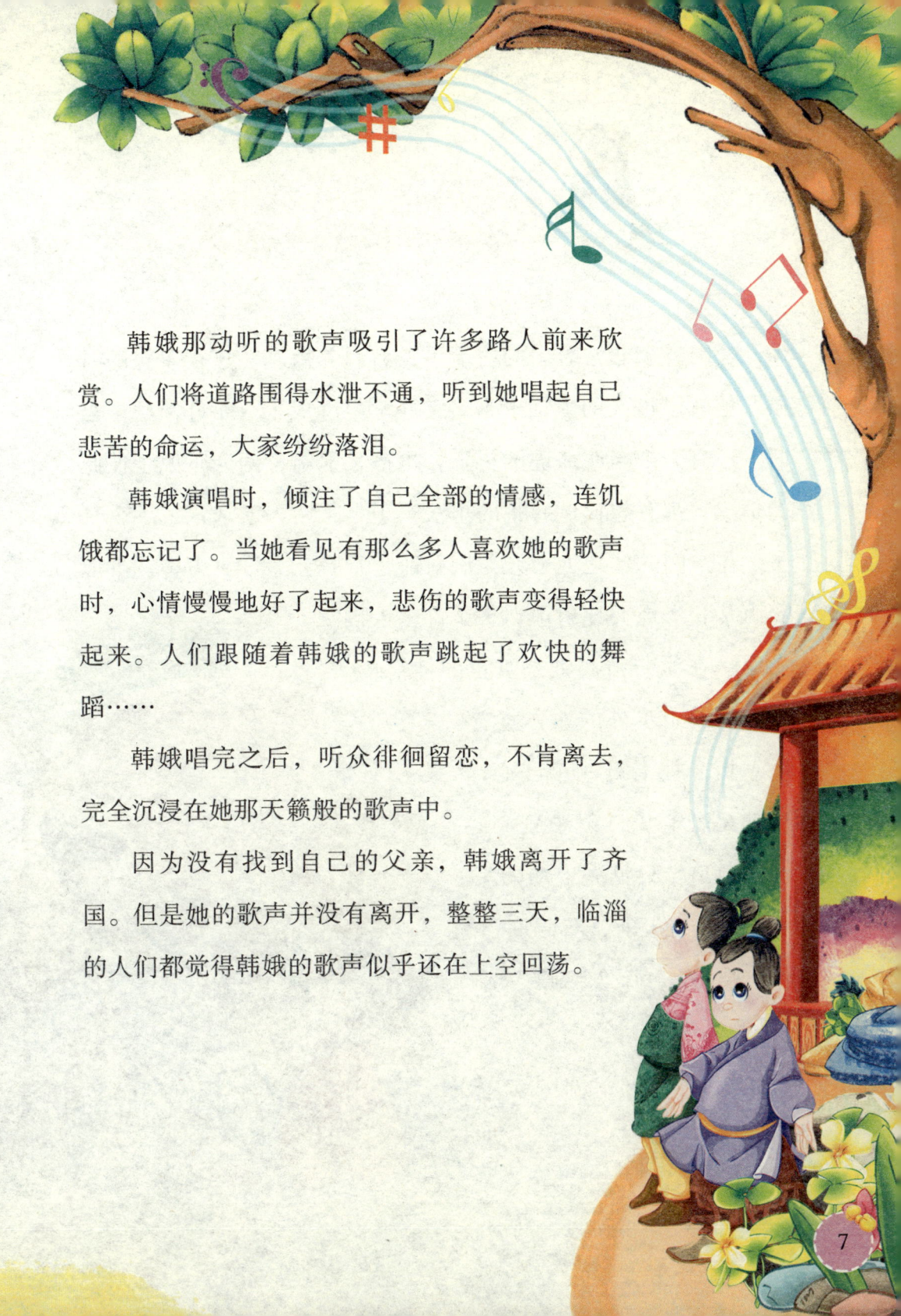

　　韩娥那动听的歌声吸引了许多路人前来欣赏。人们将道路围得水泄不通，听到她唱起自己悲苦的命运，大家纷纷落泪。

　　韩娥演唱时，倾注了自己全部的情感，连饥饿都忘记了。当她看见有那么多人喜欢她的歌声时，心情慢慢地好了起来，悲伤的歌声变得轻快起来。人们跟随着韩娥的歌声跳起了欢快的舞蹈……

　　韩娥唱完之后，听众徘徊留恋，不肯离去，完全沉浸在她那天籁般的歌声中。

　　因为没有找到自己的父亲，韩娥离开了齐国。但是她的歌声并没有离开，整整三天，临淄的人们都觉得韩娥的歌声似乎还在上空回荡。

百步穿杨

楚国有个非常著名的射箭手，名叫养由基。还在年轻的时候，他就以过人的力气出了名，并学习练成了一手好箭法。当时，还有一个名叫潘虎的勇士，也擅长射箭。两人听说了彼此的情况，都有想比试一番的想法。于是，两人就选定了一个日子，在空阔的场地上公开比试射箭，看看究竟谁更厉害。听说养由基和潘虎要比射箭，来了许多人围观，大家也在纷纷猜测谁是真正的神箭手。在五十步外的地方竖着一块木板，板上有一个红心，那就是靶心。谁射中靶心谁就胜出。只见先上场的潘虎大步走上前，双臂一张，强弓一拉，"嗖嗖"

一连射出的三箭都正中红心。围观的人群都为这精湛的箭法喝起彩来。潘虎也洋洋得意地把弓一收,等着看养由基的表演。

养由基刚才看到潘虎连中红心,也感到了对手的厉害,知道要想胜出就必须用更难的办法。他环视了一下四周,看着场外的一排杨柳树,说:"靶心上已没有位置了,我还是射百步外的柳叶吧。"于是,他指着百步外的一棵杨柳树,选中其中一片叶子,涂上红色作为靶子。大家都为养由基捏了一把汗,那么远、那么小的目标能射中吗?在大家的注视下,养由基举起弓,深深吸了一口气,慢慢将弦拉开,然后猛地一放,"嗡……"弓弦的声音还没有停,射出的箭就已经从那片杨柳叶的中心穿过,稳稳地定在后面的杨柳树干上。在场的人都惊呆了,忘记了为这一幕欢呼。潘虎见此自知没有这样高明的本领,但是又不死心,认为可能这只是一次巧合。

　　他对养由基说:"如果你能连中三片柳叶,我才甘心认输。"养由基知道潘虎不相信自己能有射穿柳叶的本事,便请潘虎走到那棵杨柳树下,亲自选择了三片杨柳叶,在上面涂上了颜色。养由基上前几步,看清了位置,然后又退到百步之外,像开始那样,"嗖"、"嗖"、"嗖"三箭,箭如风般飞了出去,不偏不歪,正好分别射中那三片杨柳叶。围观的人顿时爆发出如雷的掌声,热情地将养由基围了起来,称他神箭手。而此时的潘虎也口服心服,拱手说道:"天下再也没有可百步穿杨的射手了。"

百闻不如一见

汉朝时,边疆的羌人经常来攻占城镇,抢掠百姓,情况十分严重。宣帝立即召集群臣商量对策,可谁都不愿意带兵出战。

过了一会儿,一个老者站了出来,请求出征。他正是老将赵充国。宣帝很高兴,问他需要什么,他说:"常言说'百闻不如一见',老臣请求亲自去边境看一看,等摸清了情况,再奏请陛下恩准。"宣帝同意了。于是,赵充国带领人马来到西北的边境。不久,就把羌人的情况了解得一清二楚。

他向宣帝提出了与羌人和平相处的建议。可宣帝并不赞同,传下了进军的命令。赵充国毫不气馁,继续向宣帝说明自己的理由。百闻毕竟不如一见,终于,宣帝还是采用了赵充国的建议。没过多少时间,西北边境就安定了下来。

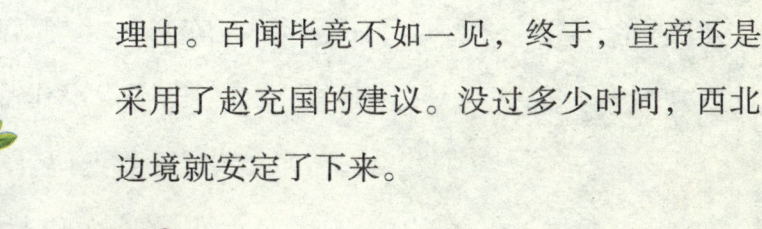

背水一战

汉朝时,韩信率领几万汉军进攻赵国。与赵国的军队在井陉相遇,形成对峙。于是,韩信调遣两千轻骑兵,命令他们每人携带一面汉军的红旗,悄悄从小路迂回到赵军大营附近埋伏。一旦赵军出营活动,立即袭击,将赵军的旗帜换成汉军的红旗。韩信又调派一万人马,沿河岸摆开阵势引诱赵军出战。

对这个部署,汉军将领都感到疑惑:背水布阵是兵法上最忌讳的,一旦发生意外连退路都没有,向来精明的主将怎么干起了糊涂事?天亮以后,赵将陈余等远远看到这个阵势,也都哈哈大笑起来:"背水作战,这不是自己找死吗?"韩信不理睬这些,依然号令全军:"今日务必大破赵军,战胜之后会餐庆功!"

交战开始了。韩信带领部分人马打出帅旗，向井陉口杀去。赵军列阵迎战。刚刚开战不一会儿，韩信就传令汉军诈败，抛弃了旗鼓，向河岸阵地退去。赵将陈余见状，立即传令赵军出营追击。乘混乱，韩信预先埋伏的两千骑兵迅速冲入赵营，把赵军的旗帜全部给换掉了。

这时，韩信指挥将士奋勇反击。背水结阵的队伍，因无处可退，返身扑向赵军，勇猛无比。陈余见赵军抵挡不住，便鸣金回营。不料，见已挂满汉军的红旗，以为大营已被汉军占领。赵军顿时大乱，纷纷弃甲逃命。韩信指挥将士趁势冲杀，陈余当场毙命，赵王被活捉，汉军大胜。

战后，将士们更加敬重韩信，请教他"背水一战"有何奥妙。韩信笑着说："孙子曰：'置之死地而后生，投之亡地而后存。'我故意把将士放在死地，他们不得不拼命冲杀，我们才打了这次胜仗。"

兵不厌诈

东汉安帝执政的时候,边境上的官吏腐败胡为,激怒了羌族首领,大举兴兵进犯内地,把武都郡层层包围起来。安帝忙命虞诩为武都郡太守,要他迅速领兵打退进犯的羌兵。虞诩带了几千人马向武都挺进。羌兵得到消息,派出部分兵马,在陈仓、崤谷一带把虞诩的队伍截住。虞诩据探马报来的敌情分析,羌兵人马众多,硬拼势必吃亏。于是,他命令队伍驻守不前,并放出风来:已向朝廷奏请增援,待援兵到来后再合兵进击。羌兵得到这个消息,便分兵到邻近的地方抢掠粮草;防守力量减弱了。这时,虞诩带领队伍突然行动,出其不意地冲破羌兵防线,向武都赶去。

虞诩命令队伍奋力急进，每天都走100多里路。虞诩还传令：各队第一天挖两个做饭的灶坑，以后逐日增大一倍。有的将领觉得虞诩的做法奇怪，便问道："从前孙膑行军作战，每天减灶迷惑敌军，您却增灶。兵法说每日行军30里，便于前后照应确保安全，我们却一天走百余里路，这都不合先人的规矩啊！"虞诩听后笑了，他说："打仗要按照不同形势采取不同的策略。羌兵人马众多，我们兵力少。只有快速行进，才能不被羌兵发现行踪。"大家点头称是。虞诩又说："孙膑当年减灶是为了佯装弱小，我们增灶是为了佯装强大。"果然，羌兵见汉军逐日增灶，以为天天都增加了援兵，惟恐中了计策，不再紧追不放。这样，虞诩带着队伍安全地进入了武都郡。

兵不厌诈，虞诩尽可能多地采用迷惑羌兵的方法作战，解救了武都郡之围。而后，他又组织人员在边境一带修建了280座营垒，把在战乱中逃走的百姓招回耕种，动荡不安的武都郡逐渐安定下来了。

兵贵神速

东汉末年,曹操在率兵统一北方的征战中,任用了一名得力的谋士郭嘉,获益很大。东汉建安十二年(207年),曹操准备亲率大军远征乌丸,消灭袁绍的残部,消除隐患。他的部属们担心南边的刘表会派刘备乘虚攻袭许都,都劝他不要贸然远征。这时,郭嘉力排众议,对曹操说:"主公虽然威震天下,但乌丸胡人自以为距我们很远,必然不加防备,我军突然袭击一定可以将他们消灭。再说南边的刘表,不过经常空谈而已,他知道自己的才能不如刘备,惟恐委以重任难以控制,决不会轻易把兵马交给刘备出外打仗。因此,主公虽然虚国远征,也没有什么可以担忧的!"曹操认为郭嘉说

得很对，随即起兵征伐乌丸。

　　大军踏上遥远的路程，粮草辎重相随，行进十分缓慢，一个月后才到达河间的易城。郭嘉见到这种情形，心中十分着急，对曹操说："用兵贵在神速。我军千里奔袭，如此迟缓很容易失掉战机，况且乌丸得到消息一定加强戒备。现在应当把大批辎重留下，马上派轻兵兼程深入敌境，出其不意地发起进攻，这样才会取得胜利。"

　　曹操接受了郭嘉的建议，当下选出精兵数千，亲自带领，昼夜开进。这支轻装的队伍很快穿过了500多里的山路，直插乌丸最强大的部落驻地柳城。随即，在离柳城百余里的白狼山与乌丸的几万骑兵遭遇，双方展开了激战。虽然敌众我寡，曹操却一点也不惊慌，登高指挥将士奋力拼杀。在曹军的凌厉攻势下，乌丸骑兵渐渐溃不成军，其首领蹋顿单于和许多将领都死在乱军之中。

不耻下问

春秋时代的孔子是我国伟大的思想家、政治家、教育家,他创立的儒家思想影响了中国两千多年的历史。因此,人们都尊奉他为"圣人"。然而孔子却谦虚地认为,无论是什么样的人都有着自己的不足,只有通过学习才能弥补。孔子不仅是这样说的,也是这样做的。一次,孔子去鲁国国君的祖庙参加祭祖典礼。他总是不时地向别人问这问那,哪怕是一件很小的事情也问到了。这时,就有人在背后嘲笑他是一个没见过世面的人,说他连贵族的礼仪都不懂,什么都要问。孔子听到这些议论后,就对自己的学生说:"对于自己不懂的事,无论在什么情况下都应该问个明白,这正是我要求自己也是你们知礼的表现啊。"

那时,卫国有个大夫叫孔圉,是一个虚心好学、正直谦虚的人。按照当时的社会习惯,在最高统治者或其他有地位的人死后,就会给他另起一个称号,叫谥号,以表示尊重。孔圉死后,卫国国君因此赐予他"文公"的谥号,希望后代的人都能学习他勤学好问的精神。后来,人们尊称他为孔文子。孔子的卫国学生子贡有些不服气,他认为孔圉不应该得到那么高的评价,就去问孔子:"老师,比孔文子水平高的人还有很多,凭什么他就可以被称为'文'呢?"孔子回答:"敏而好学,不耻下问,是以谓之'文'也。孔圉聪敏又勤学,从来不以向比自己职位低、学问差的人求学而觉得羞耻,所以当然应该用'文'字来作为他的谥号啊。"

不合时宜

汉哀帝刘欣是汉成帝的养子,二十岁时就即位做了皇帝,定年号为建平。但是自打做了皇帝以后,哀帝的身体就一直不好,经常生病。后来哀帝的母亲丁太后也得病去世了。这时,一个心术不正的大臣夏贺良乘机想获得汉哀帝的信任,就上奏说:"皇上,万物生长由天定。先帝当年就是因为没有顺应天命,才没有亲生儿子的。而现在,皇上您一直生病,天下又发生了几次大的灾难,这些都是上天在发出警告啊。"哀帝立即问应该怎么办才好。夏贺良就说:"皇上只有改变年号,才可以延年益寿，平息灾祸。不然的话，各种灾祸可能都会降临，不知道会殃及多少人呢。"哀帝听了夏贺良的一番话，为了自己的身体早日恢复健康，竟然采纳了这个建议。

　　在六月，也就是丁太后死后的第四天，哀帝就发布诏书，大赦天下。同时改建平三年为太初元年，改帝号为"陈圣刘太平皇帝"，把计时漏上的刻度从一百度改为一百二十度。可是，在这一系列朝制改变后，哀帝还是照样生病。夏贺良以为自己得到了皇帝的宠爱，竟然开始趁机干预朝政，但很快就被正直的朝中大臣揭露了本质。哀帝也因为夏贺良的话没有应验，产生了怀疑，后来才知道他们实际上是一伙骗子。于是在八月间又下了一道诏书："夏贺良等所说的，都违背天意，不合时宜。六月诏书，除了大赦一项之外，全部废除。"这次改元不到两个月就结束了。

不拘小节

西汉后期,有一个亭长叫虞延。他长得身高体壮,力气大得惊人,是远近闻名的大力士。而且他办事公道,不害怕那些有权有势的人。

有一次,王莽的亲戚横行乡里,干了许多坏事。虞延知道后,毫不畏惧,带人把他们抓起来,送进了官府。东汉建立后,王莽垮台了,虞延到太守富宗家做了一个名为功曹的官吏。富宗这个人目无法纪,平时的衣服、车马、器物都十分华贵,不合乎朝廷的规定。为此,虞延委婉地劝他说:"听说春秋的时候,齐国的相国晏婴做那么大的官都不穿皮衣;季文子在鲁国做相国时,他的妻子也不穿丝帛做的衣服。可是您现在却如此糜费,怕是不合适吧?"富宗听了,不但不改,反倒疏远了虞延。虞延只好离开了他家。不久,富宗果然因为奢侈过度遭到朝廷的诛杀。

皇帝知道了虞延这个人,很欣赏,便把他召到宫中,封为公车令,第二年又让他做洛阳令。

上任后,虞延抓获了一个名叫马成的窃贼,是皇帝亲戚阴氏的门客。阴氏为人很不老实,竟向皇帝诬告虞延冤枉好人。于是,皇帝亲自到监狱审查囚犯。

这时,虞延认真地向皇帝禀报说:"狱中的囚犯,有理可论的关在东面,罪状确凿必须判罪的关在西面。"马成听虞延这么一说,立即从西边跑到东边,口里还不住声地喊"冤枉"。虞延一把将他拉住,训斥说:"你是惯犯!过去因为有靠山不敢动你,今天有皇帝作主,定当法办!"皇帝知道虞延不会徇私枉法,便也斥责马成说:"你犯了王法,这是咎由自取!"

不拘小节的虞延,这次仗义执言得到了皇帝的支持。可是,后来最终被阴氏逼得走投无路。

不识庐山真面目

北宋的大诗人苏东坡,素以豪放雄奇的山水诗闻名。他初次游览庐山,就写下了一首《题西林壁》:"横看成岭侧成峰,远近高低各不同。不识庐山真面目,只缘身在此山中。"

苏东坡登上庐山,漫步在盘旋迂回的山路上,满目是起伏的山峦,重叠的峰巅,丘壑纵横,姿态万千。庐山共有90多座高峰,有的雄奇险峻,有的直插云端,有的绝壑孤悬,有的千丈峭壁。整个横看是一片连绵的山岭,侧看则是狭窄的陡峰。如果遍游庐山,站在不同地势,就会看到庐山的不同形态。于是诗人感慨地说:"不识庐山真面目,只缘身在此山中!"因为置身山中,视野被峰峦所挡,见到的只能是庐山的局部。如果打算观其全貌,只有站在庐山之外,纵观全局才行。

不知所云

　　三国时，蜀国刘备死后，丞相诸葛亮辅佐他的儿子刘禅即位。这个后主刘禅当时17岁，从小娇生惯养，没什么本事。

　　诸葛亮认为蜀国前几年不断地打仗，内部消耗很大，应该好好地恢复元气。为此，他整顿吏治，制定了官职和各种法律让大家执行，有功必赏，有过必罚。这样一来，蜀国的军队实力很快又增强了，于是，他就决定出师伐魏。但是，他对刘禅一直不放心。临行前，便给他写了一篇叫《前出师表》的文章，说："今当远离，临表涕泣，不知所云。"意思是说，我现在就要离开陛下远征了，这份表章写到末尾时我已涕泪俱下，泣不成声，不知道自己说的是些什么了。刘禅看了十分感动，亲自把诸葛亮和军队送上了北伐的征程。

车水马龙

东汉章帝刘贤即位后,尊其父明帝刘庄之后马氏为太后。

刘贤即位时十八岁,依然十分尊重马太后。马太后在亲自撰写《显宗起居注》时,将其兄马防参医药的事情删去了。章帝有些担心,说:"舅舅旦夕侍奉先帝一年,既不写他的功绩,又不录他的辛劳,恐怕会犯下过错吧!"马太后说:"我不想让后世的人知道先帝亲待后宫的家人,所以才不著录呀!"

建初元年(公元76年),朝廷一些趋炎附势的大臣奏请章帝,给马太后的几个兄弟封爵。马太后遵照光武帝生前规定的

"后妃家族不得封侯"的制度，坚决阻止了这件事。第二年夏天，各地闹起旱灾，有的大臣又借机给章帝上书，造谣说旱灾是因为不封外戚造成的，应照旧典分封马氏舅父。马太后听后十分生气，颁下诏书说："天旱与分封有什么相干？以前，汉成帝同一天把太后的五个弟弟封为关内侯，不是照样旱得土地龟裂，滴雨不见吗？"

随后，马太后又对章帝说："凡是讨好献媚的人，都是想从你这里得到好处。要记住前朝的教训，宠贵外戚是会招来倾覆大祸的，死去的先帝不把舅氏的人安排在重要职务上，防备的就是这个呀！现在，马家的舅父个个都很富贵，比我还要强呢！我前次回家，看到去舅舅家拜望、请安的人来往不断，简直是车如流水，马如游龙啊！他们家的佣人都穿得整整齐齐，神气得很。我的车夫比他们差远了。当时，我竭力控制自己，没有发火责备他们。但是，以后不能再给他们优待了。我们不能上负先帝之旨，下亏先人之德，重演西汉败亡的大祸！"

后来，马太后始终没同意为外戚分封爵位。

成也萧何，败也萧何

汉朝初期，萧何是刘邦的得力重臣。他不仅腹有良谋，而且慧眼识人，发现并举荐了韩信这样的大将。为刘邦夺取天下立下大功。

韩信最早投奔项羽，未被重用才投到刘邦军中。最初，刘邦也不提拔他，韩信便随一些逃走的士兵离营而去。萧何得知后，来不及报告刘邦，带上几个人连夜追赶，两日未归。刘邦有事找不到萧何，以为他也跑了，非常生气。等到第三天，萧何追回韩信来报告刘邦，他十分不解："逃跑的兵士那么多，你为何只追韩信？"萧何说："这韩信不一样啊！您要取得天下，非此人不可！"接着，又竭力赞扬韩信的学识

和谋略，建议拜他为大将军。

此后，韩信统率三军南征北战，帮刘邦统一了天下。

刘邦当上皇帝后，却对韩信渐起疑心，担心他篡夺皇位。于是，借故收回韩信的兵权，封他为小小的淮阴侯。这引起了韩信的不满，便与代相陈 密谋，想举兵起事。不久事发，刘邦亲自领兵去讨伐陈 。吕后与萧何商量后，决定把韩信骗进宫中杀掉。韩信心中有鬼，佯作有病不去。萧何见韩信不来，便亲自去请。萧何对韩信曾有举荐之恩，韩信怎么会怀疑他呢，就跟着进了宫。可一进宫门，韩信就被擒获，推进长乐钟室斩首了。

萧何当初举荐韩信，使他位高名重；萧何后来又设计骗韩信，致他死于非命。这句"成也萧何，败也萧何"的话，便渐渐流传开了。

赤膊上阵

在东汉末年的军阀割据混战中,西凉的马腾和他的两个儿子被曹操杀害。马腾的长子马超决心报仇雪恨,联合他父亲的好友西凉太守韩遂兴兵20万大举东进攻打曹操。马超自幼勇武过人,领兵打仗很有一套办法。曹操十分烦恼:如何对付这个马超呢?有人建议用渭河沙土筑垒坚守。可是渭口这一带土质松散,边筑边塌。马超又派两个将领各带500骑兵,往来奔驰骚扰,这土垒是很难筑起来了。一天夜里,突然刮起了北风,天气渐渐转冷。曹操灵机一动,立即命令士兵边浇水边筑垒。土墙随筑随冻,总算借着冰冻把土营修筑完了。

等到天明,马超率兵来攻时见到冰土营,非常吃惊。曹操只带着一员虎将转出营来,但见他

身后那员战将怒目横眉,一脸杀气,马超知道此人可能是人称"虎痴"的大将许褚,便喝道:"听说你军中有个不要命的'虎痴',是真的吗?""休要无礼,我就是许褚!"曹操身边的战将怒吼一声,就要举刀来战。马超未敢轻举妄动,约定来日决战。

第二天,两军出营布成阵势,马超挺枪纵马与许褚大战起来,打了一百多回合不分胜负。战马渐渐支持不住,于是各回军中换了马匹,又出阵战了一百多回合,仍然胜负不分。许褚性急,飞奔回阵,竟卸下盔甲,光着身子,又提刀上马来战马超。双方将士见此情景,大为震惊。许褚举刀奋力向马超砍去,马超闪过后,挥枪向许褚心口窝刺来。许褚扔下手中刀,用力夹住马超的枪,两人在马身上夺枪。许褚力大,"咔嚓"一声扭断枪杆,两人各拿半截枪在马上乱打。两军随之展开混战,曹军损伤大半,退回土营中坚守不出。马超回到渭口,对部将们说:"我见过很多善于恶战的将军,可是没有像许褚这样拼命的,真是个'虎痴'啊!"

摧枯拉朽

东晋元帝永昌元年,镇东大将军荆州牧王敦,举兵反对朝廷。王敦劝说安南将军梁州刺史甘卓,共同起兵攻打朝廷。甘卓假装答应下来,等到出发那天,王敦登上战船,甘卓却没有到,只是派了一个名叫孙双的参军到武昌来,并劝王敦不要反叛朝廷。王敦听后大惑不解,说:"难道甘将军没有明白我上次和他谈话的意思?我只是去清除皇帝周围的坏人,没有他意。如果事情成功,我一定厚待甘将军,请你回去转告甘将军。"孙双回禀甘卓,甘卓仍然举棋不定。湘州刺史司马承坚决反对王敦反叛朝廷。他派主簿邓骞赶到襄阳,动员甘卓忠于朝廷,派兵讨伐王敦。甘卓的参军李梁劝甘卓见机行事,不可匆忙行动。如果王敦取胜,他必将重用甘卓;如果

　　王敦失败，朝廷也必将重用甘卓，命他讨伐王敦。这样，无论哪一方获胜，甘卓都有利可图，因此不能轻率行动。

　　邓骞反驳李梁，他指出：甘卓既不讨伐王敦，又不反叛朝廷，脚踩两条船，将来必招来祸患。王敦兵马不足一万，守卫武昌的兵丁还不足五千，而甘卓的军队却超过王敦一倍有余，如果进军武昌，必能取得胜利。邓骞又对甘卓说："甘将军如果发兵攻伐武昌，就好像摧毁干枯的草、朽烂的树木一样容易，您不必有什么顾虑。"可是甘卓仍然犹豫不决。

　　后来，王敦与襄阳太守周虑等人联手，将甘卓暗害。甘卓本来可以轻而易举地战胜王敦，结果由于他当断不断，最终导致引火烧身，反遭暗算。

党同伐异

汉武帝是我国历史上很有作为的一个皇帝。他掌权以后，在前朝皇帝几十年休养生息的基础上，继续采取一些加强封建统治的措施，使西汉的国势越来越强盛。

治理国家，必须文武兼备。武要有强大的军队，文要有统一的思想。武帝一即位，就下了一道诏书，采用选举和考试相结合的办法网罗人才。当时，推荐到京都来的有一百多人。武帝亲自考试，挑选了十多个人。其中，最让武帝赞赏的是广川人董仲舒。董仲舒主张"罢黜百家，独尊儒术"。也就是说，要拿孔子的学说来统一思想，排斥百家，设立学校培养选拔官吏。按照董仲舒的主张，武帝传令，在国家最高学府太学专设五经博士，用儒家著作教育帝王、贵族子弟。选用官吏也

要以儒学为标准，规定只有通晓儒学的人才能做官。为了适应传播思想的需要，武帝还命人发掘出一批儒家的经典，整理成《五经》，广为印行。从此，儒家思想就成为维护封建统治的正式思想。

到了宣帝刘询的时候，儒家学说更加盛行。当时的皇家藏书楼石渠阁，成了名儒们专门讲经的场所。著名的儒学家萧望之，被宣帝聘为太傅，专门为太子讲授儒学经典。当然，任何时候在学术思想上都不会完全一致，同样是宣扬《五经》，儒生们从不同的角度出发就做出了不同的阐释。宣帝不喜欢这种现象，决定展开一次讨论。

汉宣帝甘露四年（公元前51年），受宣帝委派，萧望之在石渠阁召集会议，汇集了各地的知名学者，专门对《五经》展开了大辩论。说是"辩论"，其实是"党同伐异"。在辩论过程中，儒生们把和自己观点相同的人看成朋党，引为知己；对持不同见解的人则视为异己，大加攻击。从而，进一步确立了儒家思想在维护封建统治中的正统地位。

蜚短流长

古时候有一个叫范十一娘的姑娘,年轻貌美,登门求亲的人络绎不绝。父母十分疼爱自己的女儿,终身大事也让女儿自己选择。

有一年七月十五庙会上,范十一娘前去游玩。在熙熙攘攘的人群中,她遇见一名少女,长得与她一样漂亮,而且说起话来很有礼貌。两人情投意合,一会工夫就好得像亲姐妹一样。范十一娘问她叫什么名字,家住何方?姑娘回答说:"我叫封三娘,父母早逝,家中只有一个老太太守家望门,就住在不远的邻村。"范十一娘邀请封三娘到家串门,封三娘答应了。

一晃过去了两个月,封三娘没有如约到范家来串门。范十一娘非常想念她,竟然忧伤出病来。一天傍晚,范十一娘实在闲得难受,让丫环陪她去散心。她

们刚在石头上坐定，忽然瞧见封三娘趴在墙上往园里张望。范十一娘又惊又喜，忙拉她进园畅谈起来。

范十一娘责怪封三娘说："你为什么不守信用？想死人家啦！"封三娘解释说："我也想你呀！只是我家贫寒，你家富贵，与你交往我怕你家仆人婢女耻笑呢！"范十一娘流着眼泪说："我都为你害了病呢，你这回不要离开我啦……"

封三娘也流下了泪，挽着十一娘的脖子娇声说："妾来当须秘密。造言生事者，蜚短流长，所不堪受。"意思是说：我来这里姐姐可要保密呀！让那些造谣生事的人知道了，流言飞语，说长道短的，实在叫人受不了。范十一娘破涕为笑，欢喜地说："只要你留下陪我，我什么都答应你！"

从此，她们俩同睡一张床，十分友爱，范十一娘的病也好了。父母听说女儿请来了一个美丽的小姐作伴，也非常满意。

病入膏肓

春秋时期，秦国有一个医术很高明的医生，能治疗各种疾病。经他治疗过的病人几乎是药到病除，他因此得了个"活神仙"的美称。

有一次，晋国国君晋景公得了重病，晋国的医生治了很久都无法治好他的病。于是，就有大臣向晋景公推荐"活神仙"。晋景公一听高兴极了，立即派人带着重礼去请这位神医。谁知，医生还没有赶到，晋景公就因为病重而陷入昏迷之中。

在昏迷中，晋景公做了一个梦。在梦中，他听见两个小孩正在小声地说着话。

　　一个说:"那位神医马上就要到了,我们这回恐怕死定了,该怎么办呢?"另一个小孩说:"不用怕他,我们惹不起还躲不起吗?我们就躲到肓的上面,膏的下面,不管他怎么用药,都拿我们没有办法。"

　　不一会儿,那位"活神仙"来了,立即被请进晋景公的寝宫治病。他只是把了把晋景公的脉,马上就说:"这病我已经没有办法治了。"

　　左右大臣忙问:"为什么?"神医说:"此病已经在肓之上、膏之下,用针扎的话,扎不到位;用灸又攻治不入;吃汤药更没有效。总之,我无能为力了。你们给大王准备后事吧。"

　　几天以后,晋景公就过世了。

风声鹤唳

前秦建元十九年（383年），已经占领了江北一带的前秦皇帝苻坚，还想尽快实现统一中国的心愿。于是，他亲自率领90万大军，气势汹汹地开始南下攻打东晋。东晋听说后，大臣们个个吓得面如土色。只有丞相谢安从容镇定，仔细研究敌情，安排作战部署。等到大军压境的时候，他只派了8万精兵前去迎战。走在队伍前面的苻坚知道了，哈哈大笑着说："我们兵多将广，等后面的大部队一到齐，对付那几万人简直就太容易了。"他坚信有足够的把握战胜晋军。于是，苻坚就把身边的兵力集中在寿阳（今安徽寿县）东的淝水边，准备后续大军到齐后，就向晋军发动进攻。谢安是一个很有策略的人，为了在秦军大部队赶到之前赢取获胜的可能，便派使者到秦营，向秦军的前锋建议道："贵军既然都已经在淝水边安营扎寨了，显然是为

了持久作战。如果能稍向后退，让我军渡过淝水以后再决战，不是更好吗？"

秦军众将领都认为这是谢安的计谋，不能让晋军过河。但是，苻坚求胜心切，而且是一个自负的人，他心想："如果让晋军过了河，都能将他们打败，不就更能突出我们秦军的威力吗？"于是，下令说："我军只要暂时后退一些，等晋军过了一半的河，我们就用精锐的骑兵冲杀上去，肯定能大获全胜。"于是，秦军就依照晋军的意思，决定后退。苻坚没有料到，晋军早已做好了准备。秦军开始陆陆续续后退，并没有任何的防御，这时，英勇的晋军却如天兵天将一般冲了出来，杀了个秦军措手不及，连连后退。那些侥幸逃脱晋军追击的士兵，一路上听到呼呼的风声和鹤的鸣叫声，都以为是晋军追来了，于是不顾白天黑夜地拼命奔逃。就这样，晋军取得了著名的以少胜多的"淝水之战"胜利。

高屋建瓴

汉朝建立后,韩信逐渐不被信任,先被收了兵权,又从齐王被改封为楚王。不久,有人向刘邦告发:韩信到了楚地后,加紧扩军训练,还把项羽的大将钟离昧窝藏在家里,看来有谋反的企图。刘邦不禁大吃一惊,急忙召集大臣商议办法。陈平说:"陛下的军队没有韩信的精锐,不是韩信的对手。韩信如今并未公开谋反,假如贸然派兵去讨伐,即使不想反也逼他反了,事情会很糟。因此,陛下可以去楚地的云楚游览为名,在楚地西部的陈城会见诸侯,当韩信前来迎接时抓住他。"刘邦认为这个办法好,遂依计行事。

韩信知道后,心想只有献上钟离昧,才能使刘邦不疑心。于是韩信割下钟离昧的头颅,到陈城叩见刘邦,没有想到刘邦不买账,斥责他说:"你把钟离昧窝藏了这么长时间,如今事情败露

了才来见我,可见不是出于真心。"韩信还想分辩,已被绑了起来。

刘邦没费多少事就捉住了韩信,心中高兴,当天就下令赦免了一批罪犯。回到都城,有一个叫田肯的大臣,趁着道贺的机会称赞刘邦捉住了韩信,又在地势险要的关中建都,将来利用关中的雄险之势来控制、驾驭诸侯,"犹居高屋之上建瓴水也",就像站在高高的屋脊上向下泼水那样势不可挡。接着,田肯又提到韩信曾为王的齐地,他说:"齐地两千多里,七十余城,控制着这里便可以一当十。如此重要的地方,非亲子弟可不能封他做齐王啊!"

这时,刘邦已听出田肯为韩信婉转求情的意思。谁都知道,定三秦,平齐地,主要是韩信的功劳,他毕竟还没有公开谋反,立即处置他总会惹来麻烦。于是,刘邦赦免了韩信,只把他降为淮阴侯。

多多益善

汉高祖刘邦在韩信、萧何、张良等能人的帮助下,打败项羽建立了汉朝。天下太平后,这些功臣都被封了官,赏了地,其中韩信被封为楚王。

项羽的旧将钟离昧投奔到韩信门下,韩信看他可怜就收留了他。不久,就有人四处散布韩信要造反的谣言。刘邦早就对韩信不放心了,听到这些话后很是担心。于是,他假称自己准备出去巡游,要韩信等人前往陈地相会。

韩信不知是计,一到陈地就被刘邦抓了起来,押回洛

阳。刘邦经过调查,发现韩信并没有谋反之意,又念及他过去立下的战功,便将他贬为淮阴侯。韩信心中很不满,常常故意称病不去上朝。

一天,刘邦把韩信召进宫中陪自己喝酒。刘邦让韩信评论一下朝中各位将领的才能,韩信一一说了。

刘邦听后,笑着问:"那你看我能带领多少人马呢?"

韩信说:"十万足够了吧。"

刘邦又问:"那你呢?"

"当然是越多越好了!"

"你带兵多多益善,为什么会被我抓住呢?"

韩信知道自己说错了话,忙辩解道:"陛下虽然带兵不多,但有驾驭将领的才能。"

从此,刘邦更不喜欢狂妄的韩信了。最后刘邦还是找借口杀了韩信。

和璧隋珠

一天,有人禀报楚厉王:"有个叫卞和的乡下人献给大王一块璞玉。"楚厉王命令玉匠辨认,玉匠说:"这不是玉,而是块石头。"楚厉王十分恼火,下令砍去卞和的左脚。

楚厉王死了,楚武王即位,卞和又捧着那块璞玉来见楚武王,结果被砍去右脚。

许多年以后,卞和听说楚文王即位,便抱璞玉在荆山脚下嚎啕大哭。他一连哭了三天三夜,眼睛都哭出了血。楚文王听到这个消息,感到惊奇,就派人把卞和带入宫中。

卞和向楚文王诉苦说:"我不是因为失去双脚才悲伤。我感到痛心的是奉献给大王的明明是一块宝玉,却被人当成石头,我对大王一片真心实意,大王却说我欺骗他……"

楚文王是个聪明人,他找来技艺精湛的玉匠进行雕琢,结果得到了世间罕见的美玉,于是他就用卞和的名字为它起了个名：和氏璧。从此之后，和氏璧便成了人人喜爱的珍宝。

另外，据说古时候有个人叫隋侯。有一天，他发现一条大蛇受了伤，便找来药细心地为它敷治。大蛇伤好了，便不见了。又有一天，隋侯到江边去，忽然看见那条大蛇从江中冒出来，嘴里衔着一颗闪闪发亮的明珠献给他。原来它这是报恩呀！从此人们就把这颗明珠称为隋珠。

和璧隋珠是比喻一件东西的珍贵。那么为什么有的东西珍贵，有的东西就便宜，这是什么道理呢？这是因为有的东西得到的方法是非常困难的，并且在自然界的存在数量也是比较少的，如黄金等。在古代，由于冶炼技术不发达，那时的铝要比黄金还要珍贵，因为那时人们还没有发明电解法来冶铝，所以在今天看来十分普通的铝却要比黄金还要珍贵，如果哪一天人们发明了更加简便的方法来冶炼黄金，那么到时黄金也就不珍贵了。

疾风知劲草

疾风知劲草，是从东汉光武帝刘秀的话中引来的成语。

西汉末年，外戚王莽篡夺政权以后，汉朝宗室刘秀在南阳起兵反王。当刘秀的队伍经过颍阳也就是现在河南许昌附近时，有个叫王霸的带着一伙人来投军。刘秀一打听，这王霸本来是个管司法的小官吏，在长安读过书，很有志气，愤恨王莽的倒行逆施。于是，刘秀就把他们收下了。

王霸加入了刘秀的队伍，从此忠心耿耿，每次作战都很卖力气，多次立下战功。特别是王莽地皇四年（公元23年）夏天，王霸随刘秀参加昆阳大战，一举将王莽的40多万新军击溃，深受刘秀赞扬，被任命为功曹令史。

后来，刘秀带领军队渡过黄河，进入河北，交战频繁且不顺利。由于长途跋涉、战事艰苦等原因，当初与王霸一起投奔刘秀的几十人，一个个都悄悄地逃跑了。这时，只有王霸还和从前一样,忠心地服侍在刘秀的前后,全力效劳。刘秀看看身旁的人,感慨地对王霸说:"颍川从我者皆逝,而子独留努力,疾风知劲草。"意思是说,在颍阳随你一起投奔我的几十人都跑光了,只剩下你还留下为我出力,真是疾风知劲草啊!

王霸成了刘秀的心腹将领,紧随在他的身边。到达邯郸附近时,突然遭遇敌兵的袭击。王霸奋力与敌交战,把刘秀救出险境。刘秀几经周折,终于建立了东汉政权,即位称光武帝。这时,他更加信任王霸,先后封王霸为富波侯、偏将军、讨虏将军。汉更始之年(公元33年),王霸又被任命为上谷郡太守,防卫现在的河北西北一带地方。他精心训练将士,组织修复隘口,保卫巩固了东汉政权。

纵虎归山

东汉末期，刘备一直跃跃欲试，想在混乱中夺取天下。可是，他自己没有地盘，今天这里呆呆，明天那里转转，过着寄人篱下的窝囊日子。

徐州牧陶谦死后，刘备靠着过去的老关系，接替陶谦做了徐州牧，才算勉强有了个立足之地。不料，吕布很快举兵进攻，刘备被打败，徐州又呆不下去了，只好去许昌投奔曹操。

曹操的谋士们知道刘备不是个平常人，总提醒曹操戒备他。因此，刘备处处受到人家的限制，度日如年，他天天寻思怎样改变自己的处境。不久，机会来了。刘备听说淮南军阀袁术率军开往河北，与他的哥哥袁绍结盟，便对曹操说："袁术投奔袁绍，必定经过徐州，请将军拨给我一些

兵马,在半路上截住厮杀,保证能捉住袁术。"曹操担心袁氏兄弟合并一处不好对付,就同意了刘备的请求,让他带领五万人前往徐州截击袁术。

曹操的谋士郭嘉、程昱从外地回到许昌,听说曹操放走了刘备,便急忙去见曹操。程昱说:"从前刘备做豫州牧时,我们就建议把他杀掉,丞相没听。如今您又让他带领许多兵马离去,这就等于把蛟龙放回大海,把猛虎放归深山,以后再想制服他,还能够办得到吗?"郭嘉接着说:"即使丞相不好把他杀掉,也不该轻易地放他离去。古人说的好,一旦放跑了敌人,就会带来无穷的后患。请丞相仔细斟酌。"曹操如梦方醒,立即传令大将许褚领兵五百人,赶快把刘备追回来。

刘备哪里还肯回来。他好言劝回了许褚,率军在半路上截杀了袁术,进一步壮大了自己的势力。从此,刘备不再依附曹操,经过多年征战后,成为蜀国君主,使郭嘉、程昱"纵虎归山"的预言成为现实。

交头接耳

《水浒传》中的林冲,原是东京八十万禁军的教头,因为得罪了朝廷重臣高太尉,遭陷害蒙受不白之冤,被发配到沧州草料场充军。

这天林冲正在闲走,忽然遇上了李小二。这李小二在东京时因为偷了店主的钱,要送衙门问罪,多亏林冲替他赔钱搭救了他。因此,李小二把林冲看作是自己的救命恩人。后来李小二来到沧州,开了一个小酒店。他遇见林冲分外亲热殷勤,立即请林冲到家里款待。从此以后,林冲常与他来往。

一天,李小二的酒店里突然来了几个陌生客人,行动鬼祟,听说话的口音是东京人。李小二为他们上菜时忽然听到"高太尉"三个字,于是警觉起来。他忙回到内屋,对

妻子说:"这几个客人怕有些来历,你替我去板墙后听听他们唠些啥,说不定与林教头有些瓜葛。"妻子着急地说:"快找林教头来认一认吧……"

李小二不耐烦地小声嚷起来:"你真不懂事,那林教头是个性急的人,若是认出真是他的仇人,还不杀了他?连累了我和你。那可怎么好?"

"你说的也是!"妻子蹑手蹑脚地走到板墙后面,细心地听起来。过了一会她回来对丈夫说:"他们交头接耳地说话,我听不太清楚,只听到一句话:'包在我身上,好歹结果他的性命'。好像那位东京客官还给了管营金银。"李小二夫妻也没个主意,客人算了酒钱,慌慌张张地走了。

时间不长,林冲来到酒店。李小二急忙把方才店里的情况告诉了他。林冲一听,顿时火冒三丈:"那家伙正是仇人陆谦,他敢来这里害我,我叫他骨肉成泥!"

几天后的一个风雪之夜,陆谦等人烧了草料场,企图把林冲烧死。结果,反被林冲撞见杀死,报了冤仇。

有备无患

春秋时，晋国的悼公继承了国君之位。那时的晋国已经没有了过去的风光，因此悼公想好好治理国家，重振晋国的威名，像他的先祖晋文公一样，在诸侯各国中称霸。后来，通过晋悼公的努力，对外广泛结交同盟，对内重用人才发展经济，才慢慢恢复了晋国的实力，成了强大的国家。但是晋悼公对郑国这个小国却很头疼，因为郑国一会儿和晋结邦，一会儿又和楚国走得很近，分明是想两头讨好。公元前562年，生气的晋悼公集合了宋、鲁、卫、刘等11国的部队出兵伐郑。小小的郑国很快就屈服投降了，并给晋国送来了大批礼物。看到大量的兵车和乐师以及名贵的乐器及十六个能歌善舞的女子，晋悼公高兴得哈哈大笑，认为这都是晋国有威望的缘故。

晋悼公没有独自享用这些礼物,而是从中赏赐了一半给大臣魏绛,说:"八年来,晋国已经九次召集各国诸侯会盟,不仅和中原各国关系融洽,连和远方的戎、狄关系也非常和睦。整个局势就像一曲动听的乐曲一样和谐。而这一切的得来,魏绛你是功不可没啊,所以郑国送来的礼物,我愿意和你同享。"魏绛谦虚地说:"大王能做中原诸侯的盟主,能和狄、戎各国友好相处,这都是因为晋国的福气和您的才能。而帮助陛下成就大业是我的职责所在。同时,我希望大王不要满足于安逸的现状,多考虑一下国家的未来。《尚书》里说:'在安定的时候,应该想到未来可能会发生的危险。如果想到了,就会有所准备。有所准备,就不会让危险、祸患发生。'希望这些话能提醒大王。"而晋悼公也诚恳地接受了魏绛的建议。

锦囊妙计

三国的时候,东吴的都督周瑜派谋士鲁肃向刘备讨还荆州。刘备的军师诸葛亮说这好办,让刘备写了一张字据给鲁肃,让他转告周瑜,等将来取得别的州郡后再还荆州。鲁肃回到东吴,周瑜责怪他太老实,上了诸葛亮的当。思来想去周瑜又想出了条计策:趁刘备夫人刚死,假说把吴侯孙权的妹妹许配给他,当刘备来成亲时把他扣为人质,以此换取荆州。孙权同意了这个办法,就派人去说亲。

诸葛亮听说东吴人为刘备说亲,一眼就识破了他们的阴谋,但他劝刘备应邀前去成亲。刘备起程那天,诸葛亮说必须得派大将赵云随同前往。他把赵云找来,附耳低声嘱咐道:"我给你三个锦囊,囊中有三条妙计,你按规定依次打开,照计行事。"赵云领命,把锦囊贴身藏好。

一到东吴的都城南徐,赵云按规定打开第一个锦囊看了。五百军士满街张扬一番,全城老小都知道刘备到东吴娶亲来了。吴国太本不知此事,叫来孙权一问,知是周瑜的计策,不禁大怒:"你们好大胆,竟敢用我的女儿使美人计!如今上上下下都知道了刘备前来成亲的事,如果再把他杀了,我女儿岂不成了望门寡?"

就这样,在吴国太的干预下,居然弄假成真,刘备白捡了个夫人。孙权又用周瑜的计谋,以声色财宝迷惑刘备,让他乐不思返。赵云这时便按第二个锦囊的计策办事,慌慌张张地向刘备报告:"诸葛军师早派人来报,曹操起兵五十万杀奔荆州来了,请主公速回!"刘备大惊,忙和孙夫人商量,决定一起悄悄返回荆州。

刘备一行人刚刚走到柴桑,就被周瑜派来的三千兵马挡住了去路,情势紧急,赵云忙打开第三个锦囊给刘备看。刘备转身和孙夫人耳语几句,孙夫人遂命卷起车帘,对挡在前面的东吴将领说:"你们想造反吗?"几个将领见孙权的妹妹这样说,只好让开大路,让刘备他们过去了。

九牛一毛

　　司马迁是汉武帝时期的太史令。从年轻的时候起，他就喜欢历史。为撰写一部反映从远古到秦汉之际兴衰过程的大书，他考察了许多地方，搜集了大量珍贵的资料。就在他酝酿完毕，即将动手著述的时候，一场巨大的灾难降临到他的头上。

　　汉天汉二年（公元前99年），骑都尉李陵率军在峻稽山抗击匈奴，激战中箭尽粮绝，被俘投降。消息传到朝廷，汉武帝大怒，一些大臣也随声指责李陵。恰巧，司马迁当时在场，便说了几句公道话。司马迁的话还没说完，汉武帝就斥责他为降将开脱，当即定为死罪，投入监牢。唯一的生路就是接受宫刑了。

司马迁痛不欲生，屈辱和悲愤深深地折磨着他。谁能理解他呢？想来想去，只有好朋友任安。于是，他提笔给任安写了一封信，即有名的《报任安书》，抒发了他内心的巨大痛苦："……我的祖先没有拜爵封侯的功勋，历任掌管文史星历的太史令，不过是被世人鄙视的职务。我今天遭此厄运，即使伏法被杀，也只是如同从九头牛身上失掉了一根牛毛，太微小了，算不了什么，而别人又不会认为我守护气节，是自讨的，是该死的……我虽然怯懦，但还能够分清什么是守节。奴隶、婢妾还知道活不下去的时候自杀，我为什么还要忍辱偷生呢？我所以在被囚禁的污浊环境里而不想死去的原因，是我的志愿还没有实现！如果我轻生，凭一时的悲愤死去，那么我的文章就不能留传给后人了……"

正是为了他心中的那部大书，司马迁顽强地活了下来。他把无限的愤懑和痛苦贯注到笔端，夜以继日地拼命写着。终于，九年后他完成了《太史公记》即《史记》，为中国乃至世界文化宝库留下一部千古不朽的巨著。

举足轻重

东汉的时候，扶风平陵有一个叫窦融的人。他父亲早年亡故，为人处事十分谨慎，愿意结交豪侠义士。

王莽快要垮台的时候，窦融做过波水将军。后来，刘玄借着农民起义的机会称帝，窦融又归顺了他，当上了巨鹿太守。不久，刘玄失败，各地仍然处在战乱之中。这时，窦融主动找到酒泉太守梁统，与他商量道："天下混乱，将来政权还不知归谁。我们这河西地方，是羌胡中间的一个走廊地带，大家若不同心协力，是很难自保的。我们应当与附近的地方联合起来，公推一人为大将军，共同防守河西。"梁统听了窦融的这番话，连连点头称是。随后，他们又与金城太守库钧、张掖都尉史苞、酒泉都尉竺曾、敦煌都尉辛肜联络，大家一致赞同河西五郡联合，并

公推窦融为大将军。河西民众本来质朴，窦融又施政宽和，五郡官民相安，财粮富足，竟吸引了许多人前来定居。

光武帝刘秀建立东汉政权后，窦融有意归顺称臣。当地有名望的人士也都同意他归向刘秀。于是，窦融写好奏书，专派长史刘钧前往洛阳拜见光武帝刘秀，同时奉献一批上好的骏马。

刘秀见他主动归顺，十分高兴，当即封窦融为凉州牧，并写了一封信让刘钧带回。刘秀在信中赞扬了窦融治理河西五郡的功绩。随后，刘秀在信中分析了当时的政治、军事形势。他认为，在他与窦融之间，还有蜀地的公孙述和陇地的隗嚣割地为王。在这种形势下，"权在将军，举足左右，便有轻重"。意思是说窦将军此时何去何从，实在对全局有决定性的影响。

窦融读了刘秀的信，便一心一意效忠刘秀。他调集河西的军队，与汉军积极呼应，先打败陇地隗嚣，又消灭盘踞蜀地的公孙述，使刘秀遂了"得陇望蜀"的心愿。战后，刘秀给窦融以重赏，并封他为安丰侯，任大司空之职。

后来居上

　　西汉的时候，有一位很有名气的好官叫做汲黯。之所以说他有名气，是因为他刚正不阿、实事求是、敢说敢言，甚至连皇帝的面子也可以不给。当时的国君是汉武帝，汉武帝是历史上较为出色的皇帝。可再优秀的人也会犯错的呀。但是每次汉武帝做了什么不对的事情，下面的文武百官都把头一低，不敢发表言论。只有汲黯敢站出来向汉武帝提出劝谏，这让汉武帝很不高兴。有一次，汉武帝说要以儒家的仁义来施政，想为老百姓多做一些好事。大家都纷纷表示对皇帝的敬佩，只有汲黯在一旁说："陛下要压抑内心的贪婪欲望，辛苦地伪装起来实行仁政，这又何必呢，还不是为难自己？"

恼羞成怒的汉武帝一生气，就把汲黯发配到东海去当太守。可汲黯不仅不抱怨，还把东海治理得非常好，百姓和睦，经济发达。后来，汉武帝知道了，也欣赏汲黯的卓越能力，就下了一道圣旨，把汲黯调回京城当官。

不过，每当汉武帝又做了什么不对的事时，汲黯还是会向汉武帝提出劝谏。他才不担心自己又会被发配到哪里去呢，只要是对国家对百姓有益的事情，汲黯心中就充满了正义和勇气。汉武帝呢，一方面很讨厌总不给自己面子的汲黯，另一方面又很听汲黯的话，因为汉武帝不得不承认汲黯每次提的建议都是非常正确的，的确让自己少犯了许多错误。

当时汲黯有两个年轻的同事，一个叫张汤，另外一个叫公孙弘。这两个人政治上毫无建树，拍起马屁来倒是熟练得很。每次看到汉武帝又做了什么错误的决定，不仅不会纠正，还会讲好听的话让汉武帝高兴。因为他们会讨好汉武帝，汉武帝就让公孙弘当了相国，让张汤当御史大夫，官位比汲黯还高呢！汲黯看到这些拍马屁的人，也可以坐到现在这个位置上来，心里非常不服气。有一天上朝,汲黯很不客气地对汉武帝说:"皇上用人,就好像在堆柴一样,把后拿来的柴都放在上面,就根本不用管哪一根柴才是真正的好柴了。"汉武帝知道汲黯是在骂他任用张汤和公孙弘这两个爱拍马屁的小人,马上满脸通红,一声不响地走开了。

后来,大家就用汲黯讽刺汉武帝的话,把它变成"后来居上"这一句成语,用来形容新来的人,反而得到优良的成绩或较高的地位。

竭泽而渔

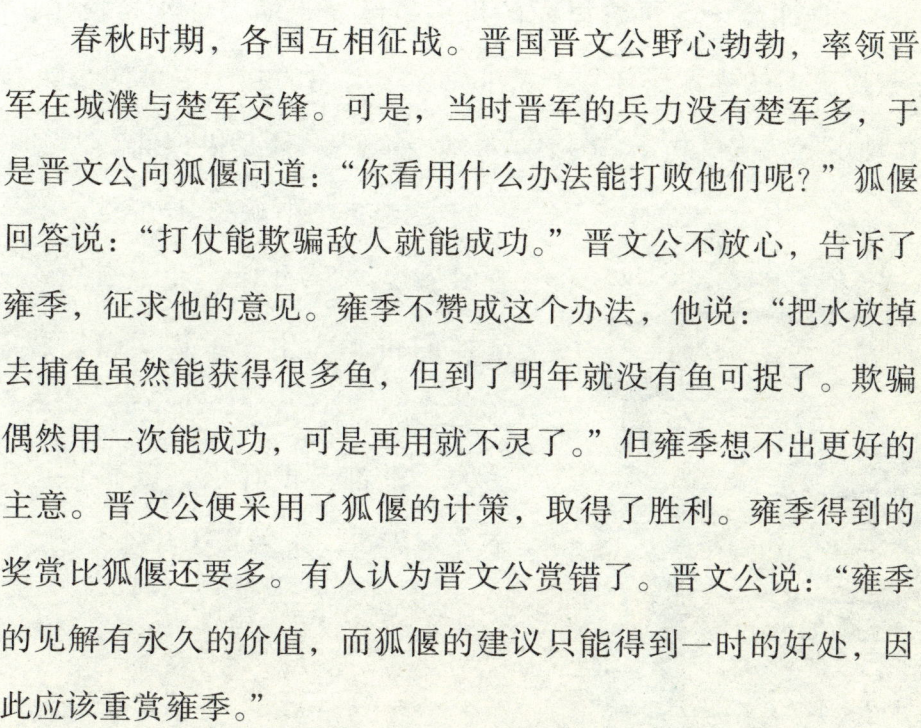

春秋时期，各国互相征战。晋国晋文公野心勃勃，率领晋军在城濮与楚军交锋。可是，当时晋军的兵力没有楚军多，于是晋文公向狐偃问道："你看用什么办法能打败他们呢？"狐偃回答说："打仗能欺骗敌人就能成功。"晋文公不放心，告诉了雍季，征求他的意见。雍季不赞成这个办法，他说："把水放掉去捕鱼虽然能获得很多鱼，但到了明年就没有鱼可捉了。欺骗偶然用一次能成功，可是再用就不灵了。"但雍季想不出更好的主意。晋文公便采用了狐偃的计策，取得了胜利。雍季得到的奖赏比狐偃还要多。有人认为晋文公赏错了。晋文公说："雍季的见解有永久的价值，而狐偃的建议只能得到一时的好处，因此应该重赏雍季。"

金玉其外,败絮其中

元朝的时候,有一个专门卖柑子的小贩。他善于贮藏柑子。当别人的柑子都卖完的时候,他就拿出自己贮藏的柑子卖。虽然价钱比平时贵十倍,但是人们看到他的柑子色泽好,别处又没有卖的,就都围在他的摊子前争先恐后地购买。

有一天,当时的著名学者刘基从卖柑子的货摊前路过,也向小贩买了几个柑子。不料回家以后,刚剥开柑子皮,就有一股烟味直冲鼻子。再看里面的果肉,已经干缩得汁水全没了,完全像破旧的棉絮一样。刘基非常生气,拿着柑子去责问小贩:"这种皮好瓤次的柑子,是让人们买去吃呢,还是供神仙?"

卖柑子的小贩毫不在意,笑着回答说:"多年来,我一直靠卖这样的柑子为生。做买卖嘛,我在这卖,人愿意买。买的人一直很多,谁都没说什么,就是您一个人不满意,不知是为什么?"刘

基板着面孔，郑重其事地说："做生意得讲信誉，货真价实，总不能像你这样骗人吧？"小贩听了这话有点火了，不客气地回敬道："要说骗人，当今世界骗子太多了，我跟他们比起来，不过是小巫见大巫罢了。"

说话间，有一伙将军模样的人骑着高头骏马经过，小贩望着他们的背影说："那些佩带兵符，坐在虎皮交椅上的威风凛凛的武将，别看他们表面上耀武扬威，难道他们真正懂得兵法吗？那些头戴高帽，穿着宽大朝服，气宇轩昂的文官，难道他们真正掌握了治理国家的本事吗？寇盗横行，他们不能抵御；百姓困苦，他们不能救助；贪官污吏，他们不能处置；法纪败坏，他们不能整顿。他们一个个身居高位，住着华美的房舍，吃着山珍海味，喝着琼浆玉液，骑着高头骏马，哪一个不是装得道貌岸然，堂堂正正，一本正经的样子？其实，他们又有哪一个不像我所卖的柑子那样'金玉其外，败絮其中'呢？你为什么看不到这些人，偏偏看见了我的柑子呢？"

刘基听了小贩的一席议论，半天没说出话来。

克己奉公

东汉初期,颍阳有一个名叫祭遵的人。他的家里很富裕,金银珠宝应有尽有。可是,祭遵不讲究吃喝穿戴,也不奢侈铺张,日子过得很俭朴。他母亲去世的时候,他亲自背泥土,把母亲安葬了。

汉阳朔之年(公元24年),光武帝刘秀率兵攻打祭遵的家乡颍阳一带,祭遵投到刘秀军中,被任用为军市令,负责管理军营纪律。祭遵办事认真,对谁都不讲情面。当上军市令后,他严格执法,不徇私情,使军营纪律大为改观。

有一次,刘秀的一个贴身卫士到街上胡作非为,触犯了法律。祭遵查明案情,依法将他处以死刑。刘秀知道这件事后很不高兴,小小的军市令居然敢处死皇帝的得力卫士,这怎么行?他想

惩治祭遵。大臣陈副这时劝谏说:"祭遵坚决执行法令,言行一致,不徇私情,这样的人在军中才有威望,才能使军队做到有令则行,有禁则止。陛下要三思而行啊!"刘秀听了陈副的话,觉得很有道理,不仅没有处罚祭遵,还封他为将军。随后,刘秀又告诫大臣们说:"你们小心守法,不要违背律令。我的卫士犯了法,祭遵尚且把他杀掉,对别人更不会讲私情的。"

祭遵一生克尽职守,公正无私,深受光武帝刘秀器重。后来,又任命他为征虏将军,封颍阳侯,赏赐许多财物。祭遵把皇帝奖赏的东西全部分给了手下的人,自己一点不留,依然过着俭朴的生活,连一件像样的衣服也没有。

过度的操劳和清贫的生活,使祭遵积劳成疾。他病危时嘱咐家人,他死后不许铺张浪费,用牛车把棺木拉到洛阳简单埋葬。

在封建社会,像祭遵这样的官吏并不多见。所以《后汉书》在评价他时,写下了"遵为人,谦约小心,克己奉公"的话,赞扬祭遵为官清廉,严格约束自己,一心一意为公。

乐不思蜀

三国末期，蜀国君主刘备死后，他儿子刘禅即位。刘禅庸碌无能，虽有诸葛亮等人全力辅佐，也不能料理好蜀国的朝政。诸葛亮死后，魏将邓艾奉命伐蜀。刘禅却毫不抵抗，用车拉着棺材，率领百官向邓艾投降。从此蜀国灭亡了。

不久，刘禅一家及少数降臣被带到魏国的都城洛阳。当时，刘禅被把持魏国大权的晋王司马昭厉声训斥，吓得面如土色，以为死到临头了。可是司马昭并未杀刘禅，还建议魏帝封他为安乐公，赏赐一些东西，随他玩乐混日子去了。

刘禅受宠若惊，第二天就带着跟自己从蜀地来的人，到司马昭府上谢恩。司马昭设宴招待他，先让人表演魏国舞乐。随刘禅来的人个个沉默不语，而他却看得津津有味。接着，司马昭又让人表演蜀地舞乐，那些蜀官们触景生情，禁不住流下思乡的眼泪，唏嘘出声。刘

禅则不然,他高兴得手舞足蹈,恨不得跟着跳一阵。司马昭见状,悄声对身边的人说:"人没了真情,才会到这个分上。即使诸葛亮不死,也没法长久辅佐这样的人啊!"随即他问刘禅:"你思念蜀地吗?"

刘禅马上回道:"此间乐,不思蜀也。"就是说,这里快乐极了,我一点也不想念蜀地了!

随刘禅来的蜀官们见他这样说,都觉得很伤心。过了一会儿,刘禅离席小便,原秘书郎郤正马上跟了出去,偷偷地对他说:"陛下,您怎么能说'不思蜀'呢?如果司马昭再问,您应该哭着说'先人陵墓,远在蜀地,无日不思'。这样,他也许能放陛下回去。"刘禅点头应允,牢牢记下了这几句话。

酒渐渐喝得差不多了,司马昭果然又问刘禅想不想蜀地。刘禅就照着郤正说的,背书似的叨咕了一遍。但是他哭不出泪来,只好尽量做出愁苦的样子,把眼睛闭了起来。司马昭猜出这是方才郤正教他的,便故意问道:"你这话怎么像郤正说的呀?"刘禅暗暗吃惊,赶紧睁开眼睛说:"对,您说得对,正是郤正教我说的。"满屋的人听刘禅说出这样的话来,都感到哭笑不得。

励精图治

汉朝的时候,大将军霍光辅佐宣帝刘询继承了皇位。当时宣帝年龄很小,大臣们上疏奏事,事先都要禀告霍光,再奏明宣帝。霍光就凭手中的大权,在朝廷中安排了许多自己的亲朋好友,使霍家的势力越来越大。每次宣帝召集群臣上殿,不但大臣们都看霍光的眼色行事,就是宣帝自己也感到十分拘谨,唯恐弄出什么差错遭致不测。

汉永平十一年(公元前68年),霍光患病死去。这好像除去了压在宣帝身上的一块大石头。"始亲万机,励精为治。"也就是说,宣帝开始亲自过问朝廷的各种事务,决心振作精神,千方百计地把天下治理好。他接受了御史大夫魏相的进谏,取消霍光立下的向皇帝上奏要先经过尚书房的旧制,每五天亲听朝臣

奏事一次。从而使言路大开，霍光妻子毒死许皇后的罪行很快败露。宣帝感念霍光多年辅政的功绩，只是免去霍光家族的官职，未加深究。同时，对魏相更加信任，拜为丞相，并加封高平侯。

霍氏一家受到处罚，对宣帝和魏相恨之入骨。经过一番策划，他们阴谋假借太后的命令，先杀害魏相，再废掉宣帝，一举篡夺朝廷大权。宣帝得知此事大惊。他没有再忍让犹豫，立即决定先发制人，传令将霍氏家族满门抄斩，绝其后患。

从这以后，宣帝更加注意倾听群臣建议，革除朝廷弊端。凡派往各地任职的官吏，他都要亲自召见，听其言，观其行，告诫他们务必勤政忠君。各地政绩突出的官吏，及时奖赏晋升，从中选拔优秀者补充朝廷公卿大臣之缺。而对那些骄奢淫逸、越权违法的官吏，则坚决严惩不贷。宣帝还体谅百姓的疾苦，采取措施与民休养生息。

宣帝在位的二十五年，矢志励精图治，终于使汉王朝出现了国富民安的中兴局面。

门庭若市

战国时代,齐威王因为受到身边一些奸佞臣子的左右,变得骄傲自大,对正直大臣的进言都听不进去了。长此下去,肯定会影响到朝政稳定。相国邹忌看在眼里急在心里,他知道像平常那样劝解齐威王是肯定不会有什么效果的,反而会惹他厌烦。于是,英俊的邹忌想到了一个巧妙的办法。

一天,他进宫晋见齐威王,像说家常一样,把发生在自己身上的一件事告诉了齐威王。"大王,臣有一些不懂的地方请教。"齐威王把手一挥,示意他接着说。

于是,邹忌就说了起来:"一天,我听说城北的徐公是一个

美男子。回家，我就问妻子：'我与城北徐公相比，谁俊美？'妻子毫不犹豫地说：'当然是你俊美。徐公怎么比得上你呢！'我有些不信，又去问妾：'我与城北徐公相比，谁俊美？'妾怯生生地说：'徐公怎么会比大人俊美呢！'恰巧，我有个朋友有事来求我，我又对他提了这个问题，朋友笑笑说：'徐公比不上你俊美。'后来，我邀请徐公来家作客。我在一旁仔细打量，认真比较，却感到自己并不如徐公俊美。请问，大王，这究竟是怎么一回事呢？"

　　齐威王也想不出来其中的原因。这时，邹忌才一拍脑袋，装出刚刚想出来的样子说："啊，大王，我知道了。妻说我美，是偏袒我；妾说我美，是敬畏我；朋友有事相求，是奉承我。大王，如果不是我自己进行比较，还真的以为自己比徐公俊美，闹出笑话来。看来，还是要多听听批评的意见才好啊。"

　　齐威王也明白了邹忌的苦心劝诫，立即下令："不论是谁，能指出我过失的，一律有赏。"消息一传出来，对齐威王提出规劝的人川流不息，门庭简直比市集还热闹。

明珠暗投

汉朝时期,汉景帝的兄弟孝王,一直怀有继承皇位的憧憬。景帝也看出了这点,故意试探说将来死后把帝位传给他。

孝王知道景帝的话未必是真,回到自己的封地后马上大兴土木,扩建宫殿和园林,招纳四方豪杰,与知名文人邹阳、枚乘等狂饮高歌,借以扩大自己的影响和实力。暗地里,孝王却常与谋士羊胜、公孙诡策划攫取皇位的事。邹阳对这件事的态度很坚决,几次说明利害,劝孝王不要轻举妄动。结果,引起孝王疑心,把邹阳关进了监狱。

在狱中,邹阳生怕再连累别人,就提笔给孝王写了一封长信。他在信里引述大量史实,指出忠臣义士无端受屈的事自古以来屡见不鲜,并写下这样一段寓意深

刻的话："我听说世上最宝贵的明月之珠、夜光之璧，如果暗暗地扔到路上，行人不但不敢把它当作珍宝拾起来，反而会按剑侧目看着它：'这是什么东西？'为什么会出现这种情况呢？就是因为它没有因由而来到你的面前。用树根、弯木头造的车子，本来很不好，却能被地位显赫的人看中。这又是为什么呢？这是因为有人在车上雕刻花纹，把不好的东西掩饰起来了。所以，献出最好的珍宝，如果无人加以介绍，就可能结下怨恨；然而有人为之引荐，就是枯木朽株也会被当作栋梁之材。由此看来，天下的平民百姓、贫寒之士，即使有尧、舜那样的本事，伊尹和管仲那样的才能，龙逢、比干那样的心肠，若想效忠当今的君主而无人推荐，那也是无法实现的啊！"

孝王也是个聪明人，明白了其中的用意：如果没有主人的亲信帮助说话，即使你提了很好的主意，也不会得到重视，还可能惹出祸事。孝王为邹阳的忠心和才智所感动，立即释放了他，仍留他在王府做客。

目不识丁

唐宪宗的时候,张弘靖被任命为幽州节度使。他去上任的时候,当地百姓男女老幼都出来观看,他不了解当地民情风俗,又是富贵出身,车驾在三军之中十分显赫,百姓吏卒感到惊骇。他想改革民俗,以为安禄山之乱发自幽州,便掘开安禄山坟墓,毁掉棺柩,因此当地人对他很失望。

张弘靖手下有两个官吏,一个叫韦雍,一个叫张宗厚,更让军士和百姓痛恨。他俩仗势欺人,常常聚合一伙人去酒店喝酒,一直喝到半夜,弄得酩酊大醉。然后,叫士兵点燃灯笼、火把,前呼后拥地送他们回家,搞得满街鸡犬不宁,老百姓十分讨厌。他俩平日里对军吏又非常苛刻,稍不如意就骂人家"反虏",用鞭子抽打,所以军士对他俩怀恨在心。

一天,韦雍又喝醉了酒,对军吏们大发狂言:"今天下无事,汝辈挽得两担力弓,不如识一丁字。"意思是说,现在天下太平无事,你们能挽开两担重的弓有啥用处,还不如认识一个"丁字"!

这是讥笑士卒们没有文化,只是有些力气,除了打仗卖命,平时什么用处没有。听了韦雍的话,连士卒也十分忌恨他俩了。

前任幽州节度使刘总回到朝廷以后,派人送来一百万贯钱犒赏军士,张弘靖却从中留下二十万贯充军府杂用开销,只拿出八十万贯钱分给兵士。这件事在军士中引起了众怒,加上他们本来就想报复韦雍、张宗厚,所以一呼而起,拿起刀剑杀了韦雍和张宗厚,把张弘靖抓起来囚在蓟门馆。军士们拥立朱洄为统帅,闹起事来。

不久,朝廷知道了这件事。但是因全体军士齐心一致,当地百姓又都同意支持,朝廷只好把张弘靖贬到抚州做刺史,以平息民怨。

弄巧成拙

北宋时候，有一个影响很大的画家孙知微。他绘画技艺高超，门下招收了许多随他学画的弟子。

有一次，成都寿宁寺院请他为寺院画一幅《九曜图》。草图画出来以后，孙知微有事要出门去，于是就把他的弟子们找来，对他们说："这幅画的轮廓我已经画好了，我要去办事，剩下着色的工作，你们几个人接着做吧，一定要认真做好。"

这些弟子得到老师的信任，非常高兴。孙知微走了以后，他们就准备给画上色。可是，忽然发现画中水星菩萨的侍从童子手中拿的水晶瓶是空的，他们感到很奇怪。一个叫童仁益的

学生对大家说:"老师平时画瓶,总要在瓶上画一束鲜艳的插花,这一次可能因为要去办事,匆忙当中忘了画,我们给画上吧!"大家都赞同童仁益的意见,就在水晶瓶上很用心地添上了一枝粉红色的莲花。

第二天,孙知微回来。当他看到水星菩萨的侍从童子捧的瓶中居然冒出一朵莲花时,脸都气得不是色儿了。他责问弟子们:"莲花是你们添上去的吗?为什么要随便添上莲花?"弟子们小心地回答:"是我们添的,添上莲花不是更好看了吗?"孙知微恼怒地说道:"这简直是胡闹!你们的用心虽然是好的,却干了一件自以为聪明的蠢事。《道经》中说,这水星菩萨的水晶瓶不是插花用的,而是用来镇妖伏魔的宝贝,瓶中根本就没有什么花草。如果添上花,它就不是神物而是一只普通的花瓶了。这幅画全让你们给毁了。"

孙知微的弟子们原以为老师回来会夸奖他们一番,不料"弄巧成拙",闯下了大祸,一个个目瞪口呆,不知所措了。

扑朔迷离

我国古时候,流传着一个木兰替父从军的故事。

木兰是一个勤劳善良的农家姑娘,整天忙于纺线织布。有一年北方边境上发生战事,皇帝下诏书在百姓之中征兵参战。征兵的名册上卷卷都有木兰父亲的名字。但父亲年老体弱,怎能上战场去打仗呢?弟弟年纪还小,也不能替父亲去从军,怎么办呢?这下可急坏了木兰姑娘。

一天,木兰忽发奇想:我替父亲去应征,女扮男装,不就解决了难题吗?木兰是个倔强果断的姑娘,说到做到。她跑到市场买来骏马,又购置了马鞍、辔头、马鞭,跟着同村的男子们一块儿出征了。

木兰一去就是十年,风餐露宿,爬山涉水,出生入死,转战千里。军队打了胜仗,天子犒赏凯旋

　　的功臣。天子问木兰："你立了战功，你想要什么，只管说吧！"木兰回答说："我多大的官也不想做，多么值钱的宝贝也不想要，我惟一的请求就是让我早点回家乡！"

　　皇帝答应了木兰的请求，家里人见到木兰，心情十分激动。木兰走进十年前居住的旧房，坐在木床上，心情十分畅快！她脱下战袍，找来旧衣服换上。倚在窗前梳理自己的头发，又在额头贴上一块花黄，变得和乡里的姐妹们一样漂亮。

　　这时候，一同在疆场上拼杀的伙伴们来探望木兰。木兰穿着女人的衣裳，梳着女人的云鬓，戴着女人的饰品，款款走出房间。同伴们一看，全惊呆了："怎么？！我们一块行军、打仗十年，竟然不知道你是个女的！"就如"雄兔脚扑朔，雌兔眼迷离，"人们怎么能辨别哪个是雄兔，哪个是雌兔呢？

刻舟求剑

战国的时候,有个楚国人得到一柄宝剑,剑刃锋利,装饰华贵。他十分喜爱这柄剑,经常带在身边。

一天,他出门办事,乘船渡过一条大江。当船行至江心时,一个大浪涌来,他随身携带的宝剑从剑鞘中滑落出来,掉进了江水中。

可是,他舍不得宝剑,又不敢下去打捞,非常着急。

突然,他掏出一把小刀,在宝剑落水的船舷上刻下一个记号。同船的人都觉得奇怪,问他原因,他解释说:"这是

我宝剑掉下去的地方啊!"可大家都不理解。

等船靠上岸,水变浅的时候。他立即对着有记号的船舷,跳下水去,找他那柄宝剑。折腾了半天,也没有找到。

大家这才明白了他刻记号的目的,不禁哄堂大笑起来:船已离开宝剑掉下水的地方那么远,却在这里下去打捞,还有比这更荒唐的吗?

曲突徙薪

西汉的时候,大将军霍光扶持汉宣帝刘询登上皇位后,实际上掌握了朝廷的大权,骄横霸道,有时连皇帝都不放在眼中。一次,大臣徐福直言劝告宣帝说:"陛下如果真的感念霍光大将军拥立你的功绩,就应该限制他的权力,抑制他权势的发展。不然,终有一天霍家要因谋反遭到灭亡啊!"宣帝没有听从徐福的劝告,继续任霍光专权胡为。

汉地节二年(公元前68年),霍光病死,他的家人和亲戚果然要谋反夺取皇位。正要动手时,被人告发,宣帝下令将霍氏一族人尽数诛杀。事后,又大大地赏赐了那个告发霍家谋反的人。这时,有人想起了徐福,说他当年就劝告皇帝抑制霍家的势力,更应该受到奖赏才是。于是,一个大臣委婉地给宣帝讲"曲突徙薪"的故事:

从前，有人盖起了一座新房，请朋友们来喝酒庆贺。有一个客人很细心，他发现新房的烟囱笔直地竖在房子顶上，灶门口还堆着不少柴草，弄不好要失火的。因此，他向主人提了"曲突徙薪"的建议，劝主人把灶门口的柴草搬远一点，防止发生火灾。主人听了很不高兴，大喜的日子讲这话多不吉利呀！自然，他也没按照客人的话去做。没过多长时间，这家竟然真的着了火，大火就是顺着直烟囱烧起来的。幸亏邻居们及时赶来相救，费了好大的劲，有的人还受了伤，才把大火扑灭。

这时，有人对他说道："您当初如果听从那位朋友的话，根本不会失火。今天您请救火时被火烧伤的人坐上席，却把那位早就提醒您防火的人忘了，这岂不是'曲突徙薪无恩泽，焦火烂额为上客？'"主人听了这话，连说"糊涂"，马上把那位朋友请来，请他坐了首席。

汉宣帝听了这个故事，如梦方醒，想起了忠言相劝的徐福。宣帝传令赏徐福四十匹绢，又提升了他的官职。

忍辱负重

三国时代，蜀吴两国在赤壁大破魏军以后，互相间的争斗又激烈起来。吴侯孙权利用蜀将关羽外出与曹操交战的机会，派兵夺回荆州，并把引兵回防的关羽给杀了。

蜀主刘备得知这个消息，怒火万丈，决心从孙权手里夺回战略要地荆州，为结拜兄弟关羽报仇。于是，亲自率领十几万大军攻打东吴。蜀军一路攻势凌厉，深入吴境五六百里，一直打到夷陵也就是现在的湖北省宜昌东，声势十分浩大。

吴主孙权面临北有曹操威胁，西有刘备大军压境的危急形势，几次派人与刘备讲和，都遭到了拒绝。实在没办法，只好硬着头皮任命陆逊为大都督，带领五万人马前去迎战。陆逊的出身是书生，在吴将中资历较浅，随他出征的朱然、潘璋、宋谦、韩当、徐盛、鲜于丹、孙桓等将领，有的是征战多年的老将，有的是皇亲贵戚。他们都很傲慢，对年轻的陆逊当上大都督不服气。

陆逊出兵后，把人马驻扎在地势险要的夷陵，传令士兵加紧修筑营垒。蜀军每日都到营前百般叫骂挑战，部将们也纷纷请命迎敌，陆逊就是不许出战。这时，不少人认为他畏敌怯战，引起很大不满。有一次，陆逊召集众将议事，还没等他说话，下边就乱哄哄地议论起来。陆逊拍案而起，厉声说道："国家所以屈诸君使相承望者，以仆有尺寸可称，能忍辱负重故也。"意思是说，吴侯孙权之所以任命我为大都督，委屈诸位将军屈尊于我，就是因为我还有点微薄的能力，能够忍受屈辱，挑起重担。他接着又对众将说，刘备天下知名，连曹操都有些怕他。现在他率大军攻进吴地，是我们的强敌，决不可以轻视他。希望以大局为重，同心协力，共同消灭来犯之敌。至于何时进攻，他要大家听从军令。陆逊拍了拍孙权授给他的宝剑，郑重申明："如有违令者，一律军法论处！"众将心中还有不服的，但行动上再也不敢违抗。

神机妙算

三国的时候，蜀国的刘备与东吴的孙权商定联合起来，共同抗击魏国曹操大军的进攻。

一天，周瑜请诸葛亮与众将一起商议军务，故意对诸葛亮说："不日将与曹军交战，请问先生，水路交兵应当以什么兵为先呀？"诸葛亮轻摇几下羽毛扇，说道："大江上交战，自然要先使用弓箭。""先生所言正合我意。"周
瑜赶紧把话接过去，"只是军中目前正缺少箭枝，我想请先生负责监造十万枝箭，千万不要推辞呀！"诸葛亮说："都督这么看重我，自然应当尽力，只是不知道都督何时要用这十万枝箭？"周瑜说："十天之内能行吗？"诸葛亮说："曹操的大军说不上哪一天就要发动进攻了，十天恐怕会误大事，就三天吧！"

第一天过去了，诸葛亮没任何表示。第二天过去了，也没有啥举动。到了第三天的后半夜，诸葛亮把鲁肃秘密请到船中，要他一起去取箭。按照诸葛亮的命令，二十条船用长长的绳索连在一起，一直向江北曹军驻扎的方向驶去。

　　这时，江上大雾弥漫，对面看不见人。靠近曹军水寨以后，诸葛亮下令把船一字摆开，要士兵在船上擂鼓呐喊，做出进攻的样子。曹操听到声响，以为是敌军趁雾来袭水寨，忙命曹军不要出击，只调弓箭手奋力射箭。顿时，万箭齐发，如飞蝗般飞向江中。鲁肃不知诸葛亮的用意，不免有些紧张。诸葛亮却吩咐人摆上酒、菜，听着舱外的鼓声、喊声和千万枝箭声，只管高兴地劝鲁肃饮酒。一会儿，诸葛亮又令二十条船调过头来，继续靠近曹军水寨擂鼓呐喊。

　　天色渐渐亮了，雾气开始消散。这时，每条船两边的干草捆上都密密麻麻地插满了箭枝。诸葛亮命令收船，并让各船士兵对着曹军水寨高喊："谢谢曹丞相送箭！"曹操知道自己上当了，十分气恼。而更气的是周瑜，他听鲁肃讲了"草船借箭"的经过，不禁仰天长叹一声："唉，诸葛亮神机妙算，我不如他呀！"

望洋兴叹

传说在很久以前,黄河里住着一位名叫河伯的河神。每当河伯站在黄河岸边,望着滚滚浪涛由西而来,又奔腾跳跃着向东流去时,他都会兴奋地大喊大叫:"黄河真是太伟大了,世上还有哪一条大河能和它相提并论!我河伯就是最大的水神!还有谁能与我相比?"

有人告诉他:"在黄河的东面有个地方叫北海,那才真叫大呢。"

河伯说:"我才不信呢!北海再大,能大得过黄河吗?"

那人见河伯毫无见识,便笑着说:"北海的水能装满几万条黄河呢。"

河伯见那人说得十分肯定，心里不禁打起了鼓，可他表面上还不承认："不可能，我才是最大的水神。"

那人无法说服河伯，离开时告诉他："有机会你还是自己去北海看看吧，那样你就会相信我说的不是假话了。"

河伯想了想，决定去北海看个明白。当他来到黄河的入海口时，突然看见一个慈祥的老人正笑容满面地看着自己，这就是北海神！河伯放眼望去，只见北海汪洋一片，分不清哪儿是水，哪儿是天。

于是，河伯深有感触地对北海神说："从前我以为自己是天下最大的水神，没有人比得上我。今天我亲眼看见你，才知道天下是多么大！我感到很惭愧，希望你不要笑话我见识短浅。"

贪得无厌

　　生活在春秋时代的智伯，是一个野心极大的人，不把天下的土地归为自己所有，他就不会罢休。有一次，他联合了韩、赵、魏三国，把弱小的中行氏给灭掉，侵占了中行氏的领土。没过几年，他又开始感到不满足了，把手伸向了过去的合作伙伴——韩国。他派人向韩国要求割地，不然就要发动战争。韩国知道智伯是一个心狠手辣的人，便愿意给他一块有万户人家

的土地，不想打仗。智伯没想到韩国答应得那么痛快，心里得意地想："看来大家都非常惧怕我，我为什么不再去多要点土地呢？"于是，他又向魏国要求割地。魏国本来咽不下这口气，不想答应，但是怕招来围攻的厄运，只好勉强和韩国一样，也给了他一块土地。这下，智伯心中更高兴了，变得更加狂妄起来。

他认为继续向赵国索要领土也是一件很容易的事情，便向赵国点名要蔡和皋狼这两个地方。但是态度强硬的赵襄王一口就拒绝了智伯的无礼要求。气坏了的智伯便联合韩国和魏国一起攻打赵国。赵襄王立即迁都晋阳，准备了充足的粮食开始抵抗智伯，这场战争一打就是三年。

后来，赵国的粮食快要用完了，就派人去游说韩、魏两国，指出智伯的野心，鼓动大家联合起来反过来攻打智伯。游说成功之后，赵国连夜出兵，韩、魏两国也跟着积极响应，最后不仅击败了智伯，还瓜分了他的土地。当时，天下的人一点儿也不同情智伯，讥笑他最后的命运是自己贪得无厌造成的。

投笔从戎

东汉人班超，出生于书香之家。他的父亲班彪、哥哥班固和妹妹班昭，都是当时著名的历史学家。

班超不仅有一身的好功夫，因为从小受到家庭环境的熏陶，所以还酷爱读书，特别是历史方面的书籍。

他从书中知道了张骞、傅介子这样出使西域的人物，非常羡慕他们。

张骞在汉武帝时冒险西行，沟通了汉与月氏、乌孙、大夏等国的联系。傅介子则受汉昭帝的派遣，出使大宛、楼兰、龟兹等国，促进了汉朝与这些国家的经济、文化交流。

班超立志要像他们那样为国立功，于是更加用心地读书，并练就了极为能言善辩的口才。

大丈夫要有志气，纵无别的长处，也应仿效张骞、傅介子立功异域，怎么能像我们这样成年累月地跟笔砚打交道呢！"

于是，班超毅然地"投笔从戎"，把手中的笔换成了剑，驰骋于保卫边境的疆场。

10年后，他被提拔为假司马，相当于副参谋长那样的将领。不久，班超单独率领一支队伍，在新疆哈密一带同匈奴交战，大获全胜。

接着，他向朝廷建议再通西域。朝廷准奏，并派他为副使前往西域。

这一去就是31年，直到七十一岁高龄时班超才从西域返回。而这时，他也成了威震遐迩的东汉名将。

徒有虚名

三国的时候,诸葛亮率兵西出祁山,顺利占领天水、南安、安定3个郡。正要继续向东发展,忽然接到司马懿领兵二十万前来阻截的探报。诸葛亮看了看地图,对众将说道:"司马懿一定要夺取街亭,断我粮道。街亭虽小,却是咽喉要地,万一失守,就坏了大事。"参军马谡自以为深通兵法,小小的街亭一定能守住,因此坚决请战,并立下了军令状。诸葛亮给他二万精兵,派上将军王平相助,叮嘱他到达街亭以后要在通路上扎营,再多加些鹿砦,千万不得有误。

马谡和王平来到街亭,见这里都是山僻小路。马谡不听王平的劝阻,把大营扎在了山顶,拨给王平五千人马,在离山十里路的地方扎下一个小寨,与山上大寨形成犄角之势。

司马懿兵到街亭,听说马谡在山上扎寨,便大笑道:"马谡只有虚名,是个庸才,诸葛亮用这样的人物,怎能不误事!"司马懿当下驱动军队,一拥而进,把山的四面团团围定。马谡在山上望去,见魏兵漫山遍野,声势浩大,慌忙挥动红旗,命令蜀兵向下冲杀。蜀兵见魏兵势大,非常害怕,不敢下山。马谡大怒,斩杀蜀军二将。蜀兵惊惧,只好下山冲杀,但魏兵岿然不动,蜀兵只好又退回山上。马谡见情况不妙,赶紧命令紧闭寨门,等待援军。

王平领兵来救,但兵员太少,被魏将张郃领兵挡住。山上蜀兵被围困了一天,又被断了水道,军心大乱。马谡禁不住心慌意乱。正在这时,魏兵又放火烧山,顿时满山通红,到处是魏兵的一片喊杀声。眼看大势已去,马谡只好带领残兵败将,乘夜从山西夺路而逃。

街亭失守破坏了诸葛亮北伐的整个部署,连他自己也被拖入险境。"徒有虚名"的马谡归来后,诸葛亮挥泪将他斩首。

推心置腹

西汉末期,王莽篡夺政权以后,各地纷纷起兵讨伐他。

其中,荆州一带饥民组成的绿林军吸收汉高祖刘邦的九世孙刘秀的队伍,拥立皇室后裔刘玄为皇帝。

刘秀办事很动脑筋,有一套争取人心的办法。一次,刘玄派遣他去河北扩充力量。刘秀于是集中一些人马,先消灭了自封为皇帝的王郎的队伍。在王郎的住处,抄检出大量当地官吏和大户人家与王郎来往的文书,内容多是奉承王郎、谩骂刘秀的。刘秀却叫来人,当着这些人的面把文书都烧了。有的将领忙提醒刘秀,应该把它们留下作为证据。刘秀笑着说:"事情已经过去就算了,烧掉这些

东西,让那些人安心睡觉吧!"这件事传开后,人们更加信赖他了。刘玄知道他消灭了王郎,也很高兴,传令封他为萧王。

汉更始二年(公元24年),刘秀带领大队人马围攻铜马农民起义军。高湖、重连等地的义军闻讯后,赶来支援铜马。由于缺少强有力的指挥系统,铜马军很快就被击溃,向刘秀投降了。刘秀把他们收编到自己的军中。对于那些农民起义军的首领,刘秀还分封给他们官职。

尽管这样,一些投降将士的心里仍然疑虑不安。觉得过去同刘秀拼杀了那么久,他哪能一点也不记仇?刘秀看出了这一点,当即采取措施消除他们的疑虑,他自己骑上一匹马,只带两个随从,一个营帐一个营帐地察看投降过来的战士,并安抚他们。

投降过来的将士见刘秀毫无戒心,完全把他们当自己人一样看待,都很感动,互相议论说:"萧王推赤心置人腹中,安得不投死乎!"

为虎作伥

很久以前,树林中有一只非常凶残的老虎,它把身边的小动物都吃光了。因为许多天没有吃过东西,正饿得厉害呢,恨不得也学羊吃草,可那也不行啊。

这个时候,它发现林中有一条小路,常常有人经过。老虎这下总算是找到填饱肚子的办法了。于是,它就躲在路边的草丛里,准备捉过路的人来吃。

有个叫伥的人不幸正好路过这里,成了老虎的目标。老虎看准机会就猛扑了上去,一掌将他扑倒在地,一口咬住他的喉咙,拖到林中饱餐了一顿。

这只老虎非常狡猾，一边舔着嘴巴一边想："要是每天都有人肉吃那该多好啊，就不用饿肚子了。可是如果人们知道树林里有老虎吃人，不再从这走了，那我不就没有东西吃了吗？"

于是老虎又抓住伥的灵魂不放，对他说："如果你想让自己的灵魂尽快得到自由、投胎重新做人的话，就必须

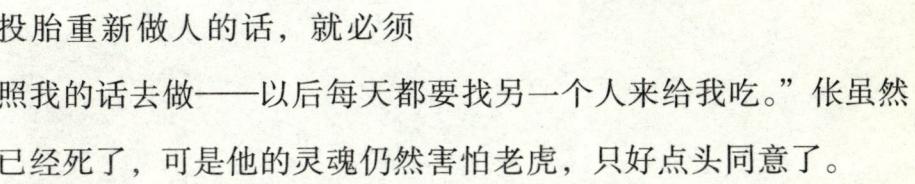

照我的话去做——以后每天都要找另一个人来给我吃。"伥虽然已经死了，可是他的灵魂仍然害怕老虎，只好点头同意了。

于是伥的灵魂就到处去找人，用各种伪装把找到的人骗到树林里，好让早已守候在那里的老虎吃个饱。伥的灵魂为了讨好老虎，还上前把人的衣服裤子脱掉，让老虎毫不费力地将人吃掉。

老虎因为非常满意伥的灵魂的工作，一直不肯放伥的灵魂走。而伥的灵魂也无法离开，只好继续帮助老虎干吃人的坏事。后人以"为虎作伥"比喻帮助恶人作恶。

望梅止渴

　　一年夏天，曹操带领着大部队去讨伐张绣。一连走了很久的山路，士兵们都没有找到一口水。偏偏太阳又热得出奇，似乎把地都要烤焦了。士兵们个个都没有了力气，甚至还有体力不支昏倒的，已经严重影响了行军的速度。

　　曹操看在眼里，急在心里，有什么办法可以让大家提起精神来呢？曹操看到远处的一片山林，有了主意。

于是,他骑在马上,大声地对士兵说:"喂!士兵们,你们看到前面那片梅子林了吗?树上一定结了许多汁多味酸甜的梅子。我们只要翻过这座山头,就可以吃到梅子解渴了。"

大家一听前面有梅子可以吃,一下子都来了精神,加快了步伐,齐刷刷地向前跑去。而曹操呢,也就顺利地带着大军按照理想的速度向前走去,赢得了宝贵的作战时间。

人们都有这样的体验:吃酸梅子时,酸得嘴里直淌口水。其实这里边的道理就是巴甫洛夫告诉我们的条件反射。

人们吃过梅子,尝过它的酸味,因此,"梅子"——"酸"这件事就牢牢地印在人们脑子里了,它们之间在大脑皮质上建立了神经联系。

又因为人类有语言、文字,并且人的大脑具有高度的联想、概括能力,所以只要听见有人喊"梅子",或看见"梅子"两个字,便会发生条件反射而淌出口水。

望尘莫及

东汉灵帝的时候,敦煌太守赵咨为官清正廉明,做了不少的好事,受到老百姓的敬重。可是,赵咨对官场的事情并没有多大的兴趣,后来干脆以生病为由,辞官回乡了。在乡下,他领着子孙们耕田务农,过得十分悠闲自在。

赵咨毕竟是出了名的人。没过多久,有人再三向朝廷举荐,说是无论人品学问赵咨都堪称一流,理应用其所长,为朝廷效力。皇帝准奏,任命他为东海相。尽管赵咨不想做官了,但圣命难违,只好打点行装,带着家人到东海去上任。

途中,赵咨的车子经过荥阳的时候,当地县令曹嵩出面迎接。曹嵩与赵咨是老相识,当年赵咨任敦煌太守时,还推荐曹

嵩为孝廉。因此,曹嵩听说赵咨路过,心中高兴,老早就带人赶到郊外去等候,想把他接到城里,好好招待一番。

左等右等,赵咨的车子总算过来了。不料,赵咨根本不想在荥阳停留,连车都没下就继续赶路了。

这可急坏了曹,心想怎么也得往前送一程啊,就随后紧追。"送至亭次,望尘不及"。意思是曹嵩打算把赵咨送到十里长亭,可是赵咨的车子跑得很快,只能见到车马扬起的尘土,根本追不上他们。

曹嵩感到不安,对手下的人说:"赵咨是声望很高的人,如今路过这里没和我们见面,传扬出去天下人一定耻笑我们,这哪行啊!"曹嵩说完,连官印都没拿,找了辆车子,一直向东海追去。在东海,他终于与赵咨见了面。

万事俱备，只欠东风

汉建安十二年（公元208年），三国的关系发生了戏剧性的变化——刘备和孙吴联合起来共同抵抗强大的魏国。而曹操也亲自率领八十万大军驻扎在长江中游的赤壁，企图吞并蜀、吴两国。

当时，孙权和刘备的兵力都很弱，不能和兵多将广的曹操发生正面冲突，可赤壁之战在所难免。刘备的军师诸葛亮和孙权的大将周瑜，共同商讨破敌的良策。周瑜想试探诸葛亮的水平，就提议两人各在手心写下自己的计策，再摊开比较谁的计谋更好。

结果，两人的想法不谋而合，手心上都写着"火"字。他们认为根据赤壁特殊的地形，想打败曹操，只有用火攻。

于是，他们吩咐手下将领一切物品都先准备好，等曹操的大军一攻打上来就放火，打他们个

措手不及。但是,周瑜却发现了对自己不利的情况——曹操的船只都停在大江的西北,南岸却停靠着自己的部队,而现在正是冬季,刮的都是西北风。一旦开始火攻,不但烧不着曹操,反而会烧到自己的头上。所以只有等到开始刮东南风的时候才能对曹军发起火攻。可这天刮什么风,又怎么说得准呢?只能等了,但时间一长,一旦错过了战机,让曹操的大军攻上来可就糟糕了啊。周瑜为想出了火攻这样的好办法,却不能得以实现,感到非常焦急。竟然一口鲜血吐出,病倒在了床上,而且怎么也治不好。诸葛亮前去探望周瑜,关心地询问得病的原因。周瑜怕被人笑话,不愿说出实情,只说:"人有旦夕祸福,生不生病谁又能保证呢?"

诸葛亮知道周瑜生性心胸狭窄,此次生病多半为焦急与曹军作战有关。于是,也接着周瑜的话笑着说:"天有不测风云,但也并不是难以预料啊。"周瑜也是一个绝顶聪明的人,一听就知道诸葛亮是话中有话,就请他把话说完。诸葛亮说:"现在军

情告急,正是需要周将军的时候。我有个药方,保证不出半天就治好您的病。"周瑜不信。诸葛亮就在纸上写了十六个字,递给周瑜。"欲破曹公,宜用火攻;万事俱备,只欠东风。"周瑜一看,真是不得不佩服诸葛亮是神人。他见自己的心思被诸葛亮猜中了,便请教:"先生,你已找到我的病根,那可有治愈的办法?"这诸葛亮本来就是满腹经纶、博学多才的人,他早已仔细观察过这几天的天文气象,预测到近期肯定会刮几天的东南风,可以帮助他们顺利进行火攻。

但他在这儿给周瑜开了一个小小的玩笑,说:"我有呼风唤雨的法术,可以借给你三天三夜的东南大风。周将军满意吗?"周瑜高兴地一下就从床上跳了下来,说:"哪怕只有一夜东南大风,就可成大事了。"于是,周瑜命令部下先做好一切火攻的准备,等诸葛亮把东风一借,就立即进攻。而诸葛亮呢,也让周瑜在南屏山修筑了七星坛，然后算准时间登坛烧香，装作在呼风唤雨的样子。

三天后，果然刮起了强劲的东南风。周瑜急忙下令发起火攻。他的部将黄盖，率领火船向曹操水寨迅速驶去，当到了一定的距离，一声令下，士兵们开始顺风放火，大风把火势刮到了曹营，把战船烧了个一干二净，连岸上的营寨粮草也被烧着了，曹军损失极其惨重。而曹操呢，也只好在弥漫的烟火中狼狈而逃了。而赤壁一战也成了历史上著名的战役之一。

名落孙山

  宋朝实行科举制度，穷人家的孩子也可以参加考试，考取功名后就可以入朝做官，以此改变自己的命运。

  江南有一个名叫孙山的年轻人，有一年他准备去参加科举考试，他的一个朋友恰好也要去参加考试。于是，两个人相约一起来到了京城。考完试后，他们又一起住在旅店里等待各自的成绩。

三天后,公布成绩的那一刻终于到了。孙山在榜单上发现了自己的名字,只不过是榜上的最后一名,可他的朋友不幸落榜了。

因为中了榜,孙山归心似箭,而他的朋友因为自己落榜,心里很难过,不想马上回去。孙山安慰了他几句,就匆忙赶回家去报喜。

孙山回到家后,邻居和朋友听说他中了榜,都纷纷前来祝贺。不久,朋友的父亲也赶来了,他一见到孙山就焦急地打听儿子的情况。孙山怕直说伤了老人的心,就念了两句诗来委婉地表达。

诗为:"解名尽处是孙山,贤郎更在孙山外。"意思是说:举人的最后一名是我孙山,而你儿子的大名却落在我孙山之后。言外之意,就是你儿子不幸落榜了。

后来,人们就把考试没有被录取说成是"名落孙山"。

人非圣贤，孰能无过

春秋时，晋国国君晋灵公暴虐无常，心肠狠毒。他喜欢听奉承的话，对忠心耿耿的大臣的劝告十分反感。

有一次，他的厨师一时大意，把一只没有炖熟的熊掌端上了桌子。晋灵公吃到这只没有炖熟的熊掌，不禁火冒三丈，最后竟把桌子都掀翻了。他命令左右大臣把厨师找来问罪。厨师被抓来时，已经吓得浑身发抖，话也说不清楚了。晋灵公更加生气了，只见他挥了挥手，示意把厨师拉出去斩了。

晋国大臣赵盾和士季知道后,一起来到宫中劝告晋灵公。

士季说:"大王,世上没有哪个人永远不犯错误,但是,如果因为犯了一次错误就被杀头,那么,我们每个人不知要死多少次?"

赵盾说:"人非圣贤,孰能无过。最重要的是,圣明的君主应该给犯了错误的人改正的机会。"

晋灵公听了,懒洋洋地说:"本王知道了,以后改正。"后来晋灵公还是我行我素,照样杀人,最后也落得被人杀死的下场。

不入虎穴，焉得虎子

班超是我国东汉时候的人，他曾在攻打北方匈奴国时立下了大功。后来，汉明帝派他出使西域。

班超首先到达鄯善国。鄯善国的国王很早就知道班超是一个能人，对他十分敬重。但过了不久，忽然对他冷淡起来。

班超把跟随他一起出访的人叫到一起，对他们说："鄯善国国王最近对我们很冷淡，一定是我们的老对头北方匈奴国也派了人过来拉拢他，让他开始犹豫不决了。我们应该早点想办法，别让他和匈奴人结成朋友。"

班超经过打听以后，发现事情果然是这样。于是，他对随同的人说："我们现在的处境很危险，匈奴的人才来几天，国

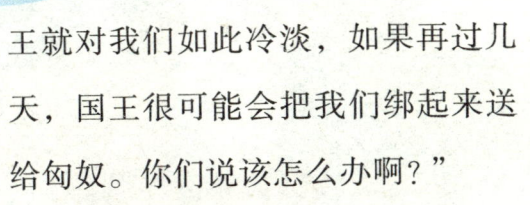

王就对我们如此冷淡,如果再过几天,国王很可能会把我们绑起来送给匈奴。你们说该怎么办啊?"

大家都表示听从班超的安排。

班超接着说:"不入虎穴,焉得虎子。现在,唯一的办法就是把匈奴派来的人全杀了。"

那天晚上,班超和他的同伴,冲入匈奴人住的帐篷,奋力战斗,以少胜多,杀死了匈奴人。匈奴人死了,鄯善国的国王对班超及他的同伴一下子又热情起来,并答应和汉朝和睦共处。

桃李不言，下自成蹊

西汉时，有一位勇猛善战的将军，名叫李广。他一生都在边关保卫国家，多次立下战功。由于李广一点儿也不居功自傲，待人和气，又能和士兵们同甘共苦，因此深受官兵和百姓的爱戴。

李广身为大将军，统领着千军万马，每次立下功劳后朝廷都会给他一些赏赐，但他都会将这些赏赐分给官兵们。行军打仗时，如果遇到粮食供应不足的情况，他自己就同士兵们一起忍饥挨饿；打起仗来，他总是英勇顽强地冲在军队的前面。只要他一声令下，士兵们个个奋勇杀敌，不怕牺牲。这是一位多么让人崇敬的大将军啊！后来，当李广将军去世的消息传到军营时，全军将士无不伤悲，就像死了自己的父亲一样难过。许多老百姓也纷纷自发起来悼念他。因为在人们的心目中，李广将军就是一位大英雄。

《史记》中这样称赞李广："桃李不言，下自成蹊。"这是什么意思呢？意思是说，虽然桃李不会开口说话，但是它们有着芬芳的花朵和甜美的果实，人们依然会被吸引到树下去赏花尝果。最后，去的人多了，树下竟然被走出一条小路来。李广将军的事迹也非常值得人们崇敬。

邯郸学步

战国时期,有一个燕国人,因为走路的样子不好,所以常常被人们笑话。

为此,这个人非常烦恼,他一有空就在家里纠正走路的样子,跟着别人一步一步地学。

有一天,邻居告诉他,赵国邯郸人走路的样子非常好看。这个人听了很兴奋,于是准备到赵国去学习邯郸人走路的样子。

他历经千难万险,一路风餐露宿,终于来到了赵国的都城邯郸。他先找了个客栈住下来,然后美美地睡了一觉,准备养足精神之后便开始学习邯郸人的步法。

第二天,他来到街头,看到来来往往的人步伐轻盈,姿态优美,便更加坚定了学习邯郸人走路的决心。

于是,他开始模仿别人的样子走起路来。他一会儿跟在这个人后面学几步,一会儿又跟在那个人后面走几步,样子显得十分滑稽。

几个月过去了,这个人还是没有学会邯郸人走路的样子。因为他常常是想着脚怎么迈却忘了手怎么摆,所以走起路来十分难看。

这还不算什么,最后他居然连自己原来怎么走路都给忘记了,只好爬着回家了。

守株待兔

　　从前,有一个农夫。一天,他正在地里干活。忽然,一只兔子飞快地从地里跑过,只听"咚"的一声,兔子撞在树桩上,折断脖子死了。

　　农夫见了,赶紧跑过去捡起兔子,高高兴兴地回了家,让妻子做了一顿香喷喷的红烧兔肉。

　　从这以后,农夫再也不愿辛苦种田了。他天天守在树桩旁,等着再有兔子撞在树桩上。

　　一连过了几天,他什么也没等到。农夫不死心,仍然天天坐在树桩边等着。等呀等,一直等到地里长满了野草,他再没有看见过兔子的影子。